あの子どもたちが変わった驚きの授業

授業崩壊を立て直すファシリテーション

木原雅子［著］

WELL-BEING OF YOUTH
IN SOCIAL HAPPINESS

ミネルヴァ書房

本書を最愛の母小野幸子と、いつも私を温かく見守ってくれた、今は亡き父小野良造、義父木原通郷、義母木原より子に捧げる。また、本書の誕生を支えてくれた最大の理解者である夫木原正博京都大学大学院医学研究科社会疫学分野教授、いつも最高のデザインを提供してくれる最愛の娘木原彩、大きな愛情と忍耐力で生徒を見守り支える猪俣米美養護教諭、地元の素晴らしき支援者である村島輝一郎元県高等学校ＰＴＡ連合会会長及び全国ＰＴＡ連合会健全育成委員長、同じく地元でＰＴＡ活動等子どもの支援活動をなさっている岡田明利氏、さらに、ＷＹＳＨ教育が生まれるきっかけになった広島県の荒れた中学校の元校長先生今田雄二先生、変わらない新鮮な感動を持って撮影に臨み最高の映像を提供し続けてくれる門脇恵二（株）エーウィング社代表取締役社長、私の活動を大学の中でずっと温かく支え続けてくれる京都大学大学院医学研究科社会疫学分野秘書の柳生幸代さん、吉川育子さん、増田晴美さん、和田弥生さんに捧げる。

刊行によせて

本書は、ＷＹＳＨ教育（第８章参照）の新たな経験を描いたものです。本書の著者は、前著『あの学校が生まれ変わった驚きの授業――Ｔ中学校652日物語』（ミネルヴァ書房、二〇一七年）で、ＷＹＳＨ教育が初めて体験した「学校を変える」という取り組みの経験を紹介しました。Ｔ中学校では、ＷＹＳＨ教育、学校の管理職、教員が心を一つにして結びついたとき、生徒、教員、保護者がみるみると変わり、文字通り「学校が変わる」という信じられないような変化が生じ、私たちは、そのプロセスを「Ｔ方程式」と呼んで、一つの問題解決のモデルができたと喜んでいました。本書の舞台となったＯ中学校から依頼がきたのは、その翌年、難問を苦労して解いたＴ中学校での成功の喜びの余韻に私たちがまだ浸っていたときのことでした。

突然、Ｔ中学校の学年主任だった先生が、赴任先のＯ中学校の状況にたまりかね、助力を求めてこられたのです。その経緯は本書に詳しく書かれていますが、それは「授業崩壊」を立て直して欲しいという、とても不可能と思われた依頼でした。著者にはそうした経験がなく、どうすればよいのか見当もつかない問題でした。しかし、散々悩みぬいたあげく、著者は引き受けることにしました。いつもそうなのですが、この決断は、一度顔を見てしまった以上、問題の渦中にある子どもたちを見捨てるわけにはいかないという著者の強い使命感に基づくものでした。

それに加えて、実は数年前からＷＹＳＨ教育に関心を持ったＮＨＫ京都放送局から、授業の取材を非常に強く要望されていたのです。取材には大きなリスクが伴うため、著者は長く悩んでいました。一つは取材という不自然な要素が授業の雰囲気を壊してしまうことへの不安、一つは、ＮＨＫがＷＹＳＨ教育の本質を見誤った理解をするのではないかという不安、そして、もう一つは、そもそもやってみなければ成功するかどうかわからないため、結局失敗例として記録されるに終わるのではないかという不安でした。この取材は、本書に書かれた一〇か月の期間全体にわたって大学と現地で行われ、こうした不安は取材開始の直後から、ＮＨＫのディレクターさんとの葛藤を含め、大荒れの波となって、二〇一七年七月八日のＥＴＶ特集（「キミのこと聞かせてよ～木原雅子さんの出張授業～」）の放映を見終わる瞬間まで続いたのでした。「授業崩壊」という初めての課題とテレビの取材、この二つの重荷を背負った歩みとなったのです。

しかも、学校環境自体も問題の塊でした。Ｔ中学校とは打って変わった生徒の様子と学校環境の中、現地でのＷＹＳＨ側のチームは私（著者への激励担当）と門脇氏（授業の記録のための映像・音響担当）と著者のわずか三人で、学校側からは養護教諭のＩ先生以外からの援助はほぼなく、著者は、まさに「孤軍奮闘」の状態でした。その中で、著者はＷＹＳＨの方法論と誠意を尽くして、徹底した状況把握に基づく授業や授業外アプローチを開発し、とうとう子どもたちをこの本にも出てくる「素敵な笑顔」に変えてしまったのです。
こうしたO中学校の経験は、前のT中学校とは、教員との連携の有無という点で大きく異なるものでした。当初私たちはT中学校との比較から、「T中学校ほどはうまく行かなかった」と、O中学校の経験の意義を限定的に捉えていました。しかし、考えてみれば、T中学校はいわば恵まれた稀な環境であり、現実には、O中学校のような学校がマジョリティーであることは明らかです。そう考えれば、O中学校の経験は、むしろ一般性がある、つまり全国のあちこちで、膨大な業務量も抱えながら、孤軍奮闘しておられる多くの心ある教員の方々への支援になるのではないか、著者がそう思い至ったときに、本書の執筆は始まりました。それから、ほぼ九か月。漸く本書が完成しました。一人でも取り組める方法のヒントに満ちているのが、前著と比べた本書の大きな特徴であり、学校現場で頑張っておられる先生方のお役に立つ内容に満ちていると信じています。

二〇一八年一〇月九日

京都大学大学院医学研究科社会疫学分野
教授　木原正博

目　次

目　次

第1章　O中学校への関わりを決心するまで

1　〝あの〟M先生からの突然のSOSメール――五月一三日【第1日目】

前著『あの学校が生まれ変わった驚きの授業――T中学校652日物語』（ミネルヴァ書房、二〇一七年）の舞台となったT中学校に関わって二年目が過ぎ、新たな年度（二〇一六年度）が始まって、五月の連休も少し過ぎた頃、T中学校から異動して同じ県内のO中学校に移動されたM先生から突然メールが送られてきました。

M先生は、T中学校の学校改革の原動力となった「チームT」を中心の一人として動かしていた先生でした。T中学校当時は、やる気満々、生徒に説明する言葉はまるで破裂音のような強さに溢れていたM先生でした。それがどうしたことでしょう。以前からは想像もできないほど別人のように疲れ果てた内容で、M先生が赴任していかれたO中学校の様子が書かれていました。

「生徒指導は自分で言うのもおかしいですがベテランだと思っています。これまでは、かなり手こずる生徒でもどうにかする自信がありました。それが今回は、僕の方法が通用しないんです。

どうしたらいいのかわからないんです。木原先生がまだT中学校の関わりを継続していることは知っています。それでも僕の学校に木原先生の力をちょっとでも貸してもらえませんか？」

それに対し、私は

「すぐ何かできるとは思いませんが、とりあえず生徒たちの様子をもっと具体的に教えてください。そうでないと助言ができません。」

と返信しました。その後、M先生から、メールだけでなく電話でも何度か生徒の様子をご説明いただきましたが、どうも学校の状況が目に浮かんできません。M先生からの情報に基づいて学校の様子をおおまかにまとめると、

・授業が成り立たない
・扱いづらい生徒が多い
・先生によって態度を変える
・何を考えているのかわからない
・先生の指示に従わない
・非行に走っているわけではない
・一人一人と話すと人懐こくて明るい
・素直
・激しく叱られても、ほんのちょっと時間がたつと、何ごともなかったように先生に無邪気に話

しかけてくる。

これらの良いこと（例：素直）と悪いこと（例：先生の指示に従わない）がごちゃ混ぜの情報を聞いて、私の頭の中はクエスチョンマークだらけになりました。なぜなら、これまで私にご依頼のあった学校は、ほとんどがそれなりに一言でその学校や生徒の抱える課題がだいたい表現でき、相手の説明から、厳しい状況に直面したその学校の様子をある程度想像することができました。ところが今回はまったく違うのです。最初のメール以降、Ｍ先生と何度やりとりを重ねても何がどう大変なのか、どう深刻なのかが私にはその輪郭すら把握できません。でも、厳然たる事実として、あの生徒指導ベテランのＭ先生が今回は途方に暮れていらっしゃるのです。

何はともあれ、自分で実際に生徒たちに会ってみなくてはと思い、ご依頼から約二か月後の七月に、同じ市内の別の学校を訪問するついでにおうかがいし、生徒にインタビューをさせていただくことをお伝えしました。Ｍ先生からは、Ｏ中学校にもＴ中学校のように関わって欲しいというご要望をいただいていましたが、その時点では、まだそのつもりはまったくなく、ただ、Ｍ先生に助言をお伝えするためにも、少しでも現状を把握しておかなければという程度に考えていました。

【第63日目】

2 フォーカスグループインタビューの実施
——七月一四日（一回目の訪問）

七月一四日にO中学校の生徒たちの第一回目の面接（フォーカスグループインタビュー）を実施しました。

ここでは、いつものようにフォーカスグループインタビューという面接技法を用いました。この技法は、ファシリテーション技法としても非常に重要なので、ここで子どもを対象とした場合に私たちが用いている方法について少し詳しく説明しておきましょう。

（1）フォーカスグループインタビューとは？——ひたすら真剣に聞き、寄り添う

フォーカスグループインタビューとは、四—五人の参加者を対象に、グループであるテーマについて自由に話してもらう手法で、個別インタビューとともに、「質的調査」の基本的な手法です（アンケートやテストなど「数値」を分析する**量的調査**に対して、面接や文章など「言葉」を分析する方法を**質的調査**と言います）。

さらに、なぜ個別ではなく、グループインタビューなのかという点ですが、大人が子どもにインタビューする場合、どうしても力関係として、大人である教師の力が強くなりがちです。です

から、一対一では、パワーバランスが大人に傾き、子どもは自由な発言をしにくくなります。そこで、せめて数だけでも子どもの数を大人よりも多くして、そのアンバランスを少しでも調整しようとするわけです。

通常は、親しい友だち同士で参加してもらいます。これは、一人では言えないことも、友だちと一緒なら言えるという効果をねらったものです。また、フォーカスグループインタビューでは、先生が生徒全員に一問ずつ指名して尋ねるといったことはせず、なるべく先生の司会はなしに、生徒同士が自由に話しあう雰囲気に持っていき、生徒同士で話が「盛り上がる」ようにします。これを、「**グループダイナミクス**」と言い、フォーカスグループインタビューがうまく行ったかどうかの重要な目安となります。

フォーカスグループインタビューのよい点は、話したくない生徒は話をしなくてもよい自由がある点です。自分が話したいときだけ、話せるときだけ、会話に参加できる自由があります。その点でとても気楽に参加できます。ただし、参加者がどれだけ本音で話せるかは、どれほど参加者がリラックスできる雰囲気や環境を司会者が提供できるか、その「技量」にかかっているため、簡単なようで、実はかなりの熟練がいる技法です。

具体的には、面接は面接者と生徒だけで行います。生徒には当日呼ばれたい呼び名を勝手に作ってもらい（会話を録音するのでプライバシーを守るためと、本名を使わないので本音を出しやすい効果があるため）、さらにお菓子やジュースを提供して、くつろいだ中で話を進めます（お菓子の提供が無理な学校では、せめて、児童生徒の心がほっとする飲み物など、例えば冬なら暖かいお茶、夏なら冷えた水などを提供します)。面接は男女別に行います。多い場合には、おとなしい生徒、活発な(やんちゃな)生徒、中くらいの生徒などに分けて、男女で合計六グループ程度行うこともあります。面接を通してかなりの生徒に会いますので、授業を実施する前に、クラスやその学年のおおまかな雰囲気を把握することができます。

インタビューでは、くつろいだ雰囲気で、できる限り通常の生徒同士の雑談に近い状況を作り上げるのがコツで、そこから相手の本音や価値観などを聞き取っていきます。司会者はテーマを提供したら、後はひたすら聞き役に回ります。相手がどのようなことを言っても、意見したり注意したりといったネガティブなフィードバックはせず(命や犯罪に関わる内容やひどい個人攻撃の場合は別ですが)、その代わり、一生懸命聴いて、あいづちをうったり、ポジティブなフィードバックをしたりします。

このときの鉄則は、決して、相手に「迎合」して、いいと思っていないことを〝口先だけ〟あるいは〝機械的に〟「いいねえ」などと、褒めたりしないことです。相手の言うことがいいと思わない場合は、ネガティブフィードバックをするのではなく、「へえそうなんだあ」という程度のあいづちにとどめます。とにかく生徒たちが、この人は「真剣に話を聴いてくれる」と思うように(というよりも邪念無く無心にひたすら真剣に)、懸命に耳を傾けます。うまく表現できませんが、ただひたすら、ひたすら、ひたすら聴くとでも言いましょうか。「聞き流し」、「聞きっぱなし」、「それなりに聞く」のでなく、しっかり「心身ともに入り込んで聞く」ということです。

話の筋を聞き取るだけでなく、話している子の想いなどもできるかぎり感じ取るために、言葉だけにとどまらず、話しているときの表情や態度（言葉では表さない、非言語的情報）もメモしていきます。最近の子どもたちは、どの子も承認欲求が非常に強いように思われます。騒々しい子も静かな子も、「聞いて」、「聴いて」、「見て」、「観て」と望んでいます。各生徒の承認欲求に穏やかに応えることで、そのグループインタビューで生徒が心を開いてくれるかどうか、生徒が信頼してくれるかどうかが、生徒の本当の実情を知れるかどうかのポイントになります。

(2) WYSH的フォーカスグループインタビュー――「いいとこ探し」と「二ステップ方式」

通常のフォーカスグループインタビューの目的は、情報収集です。WYSH教育（第8章参照）でも、目的の一つはもちろん生徒たちが抱える課題について「情報収集」を行うことですが、WYSHではそれよりも大切な目的を、それぞれの生徒の「いいところ（長所や得意とするところ）」を見つけ、心を温め、その後の関わりのとっかかりを見つけることに置いています（「いいとこ探し」）。そのためには、相手の心を開く必要があり、こちらの心の立ち位置が大切です。教科書通りの面接スキル（例：語尾のおうむ返し［パラフレージング］など）を機械的に用いても、特に思春期の子どもはこちらの本心を本能的に感じ取り、自分の大切なことまで話してくれることはまずありません。

私は過去二〇年近くの間に全国で一一〇〇人以上の思春期の子どもたちに面接をしてきた経験がありますが、面接で生徒の「いいとこ探し」がうまくできると、生徒たちの心が開き、その後の授業や関わりがしやすくなるだけでなく、大抵、この一回のフォーカスグループインタビューで生徒は大きく打ち解け、こちらと生徒の心の距離が驚くほどに近づきます。それだけでなく、不思議なことに、たった一度のインタビューで、生徒たちのその後の態度や行動が驚くほど変化する（例：遅刻がなくなる、不登校傾向がなくなる、自傷行為がなくなる）ことがあることを、あちこちの中学校で経験してきました。

このＷＹＳＨ式フォーカスグループインタビューは、相手の長所を引き出して自尊感を高め、生徒との関係、生徒同士の関係を円滑にする効果があるという意味で、ファシリテーション技法としての特徴を強く持っています。

また、興味深いことに、グループインタビューが成功し、生徒がその先生は信頼できると思ったら、その後、その先生と一人だけで話したい、あるいは日を改めて、個別面接をしたいと希望してくる生徒が出てきます。友だちの前では話せない（話したくない）内容を語るためです。友だち関係、家庭の問題、将来の夢、勉強の仕方など、様々な内容が語られます。いきなり個別相談には来られない子たちも、この方式だと来やすいようです。ＷＹＳＨ教育では、これを「**2《ツー》ステップ式のインタビュー**」と呼び、意識的に用いています。

では、このようなインタビューは、私のような学外の人間しかできないのでしょうか？　そんなことはまったくありません。現に私は、この方法で、何人もの自分の大学の大学院生の話を聴いてきました。では、こうしたインタビューには、どのような先生が適任なのでしょうか？　一言で言えば、生徒たちと真摯に向き合おうと考えている先生ならどなたでも大丈夫です。ただし、もし生徒が精神的に荒れ、特定の先生との関係、あるいは先生方全般への不信感等で不具合を起こしているような場合は、それらの先生以外の人が話を聴いたほうがいいでしょう。特に成績評価をしない先生、例えば、養護の先生などは適任ですが、通常、その学校の養護の先生は一人で多数の生徒の心身の健康を預かっていますので、一人ではキャパシティーを超してしまいかねません。教育相談の先生、担任の先生、生徒指導の先生、校長先生などなど複数の大人で話を真剣に聞けるような「学校環境」を作る必要があると思います。アフリカに、**「子どもを育てるには村が要る！**（To raise a child, we need a whole village!）」ということわざがありますが、ここでいう「村」とは子どもを見守る環境のことであり、私たちはこの言葉の重みをよく噛み締める必要があります。

（3）インタビューのセッティング――雰囲気作り

さて、一般的な説明が長くなりましたが、今回の対象となるO中学校の生徒たちには、具体的にどのようなインタビューをしたのか、その様子を詳しく紹介しましょう。

まず、インタビューのセッティングです。O中学校は、校舎の一部改築が実施されていたため、

インタビュー時の机の上の飾りつけ

空き部屋がなく、プライバシーを確保できる空間を見つけることができませんでした。それで、学校の道向かいにある公的機関の一室を借りました。広い庭が見える部屋でした。インタビューでは、通常、参加者の気が散らないように、窓にはブラインドやカーテンをして外が見えないようにし、絵や掲示物なども全部外します。今回は、庭側のカーテンが暗幕で、それを下ろすと暑苦しいと思われたため、カーテンは閉めず、その代わり、庭が見える側の席には私が座り、生徒たちには、庭を背にして座ってもらいました。非常に広い部屋でしたので、アコーディオンカーテンなどで仕切り、適度な広さ（気が散るほど広すぎず窮屈なほど狭すぎない広さ）にしました。テーブルには白いテーブルクロスを敷き、テーブルの上には花（造花ですが）を多数置き、気持ちを和ませるために柔らかいぬいぐるみを多数置きました（つらいことを聞かれたり、話にのれないときに、視線を向けたり手で触ったりして、「心の逃げ場」を作るための工夫ですが、非常に効果的です。実際のテーブルの飾りつけは写真参照のこと）。こうした環境設定のことを、「**アトモスフェリクス**」と言います。

今回、私が関わって欲しいと言われたのは二年三組（二学年の中で最も授業が成立していないとされていたクラス）の生徒たちでした。そのクラスでも最も活発な男子グループ四人と女子グループ三人に声をかけたところ、当日の面接時間中は授業免除（ただし、その授業は先に進まない）で、しかもジュースやお菓子がたくさん出ると聞いて、面接を希望してきました。午前中の二時間を使って男子グループ、午後二時間は女子グループのインタビューを実施しました。

今回のインタビューの具体的な目的は、

①生徒がなぜ、授業妨害するのか、どんなことに不満を持っているのかを聴く（不満のガス抜きが必要と考えたため）。

②生徒のことを多角的に知る。

③彼らの好きなものや得意なことを含めた「いいとこ探し」。

④彼らの将来の夢・目標を教えてもらう。

としました。

さて、いよいよ最初のグループの男子生徒たちがちょっと上気した顔で、しかしとても緊張した面持ちで部屋に入ってきました。誰が最初に入るか譲り合ったりする様子が部屋の中からもうかがえました。

今回、インタビューに準備された場所は、古い建物で、お世辞にもきれいな部屋ではありませんでしたが、事前にこちらで丁寧に掃除をし、前述のように万全のテーブルセッティングをしておきました。部屋に入った生徒はまず、白いテーブルクロスの敷かれた机や机の上の飾りつけ（たぶんそれよりもお菓子）に驚いた様子で、どの席に座ったらよいかウロウロしていましたので、人数分（四人分）用意された席のどこでも好きな席に座ってよいことを伝えました。

お菓子は、チョコなどの甘味系とスナック菓子などの塩味系を織り交ぜ、四人分のお菓子を生徒が手が届くところに二つの紙皿に大盛りにし、なくなったら補充するからと伝えました。飲み物はオレンジジュース等のジュース類、ウーロン茶等のお茶類、炭酸飲料など、すべて二リットルサイズを複数準備し、好きなだけ食べて飲めるようにしました。まず、私が、皆に好きな飲み物を聞き、各自の紙コップに注ぎ、お代わりは自分で席を立って注いでよいことにしました。もちろん私と生徒はこのときが初顔合わせです。生徒にどの飲み物がよいか尋ねると、どれがいいと競い合うように声をあげます。以前のT中学校の面接のときのように恥ずかしがって下を向くこともなく、飲み物選びに関しては元気のいいスタートでした。生徒たちの様子は、事前のM先生の情報から私が勝手に想像していた様子とはかなり違っていました。服装はどの子もきちんとしていて、むしろとても幼い印象を受けました。

生徒たちには、ラベルシートのように裏面が粘着できるシールに、その日のインタビュー中に使う呼び名（ニックネーム：自分が好きな名前）を書いて胸に貼ってもらいました。芸能人の名前でも、ゲームの登場人物でも、お菓子の名前でも、何でもかまいません。本名でないことで、生徒が話しやすく、くつろいだ雰囲気を作ることができます。

（4）インタビュー本番！――ぼそぼそ男子

さて、いよいよインタビューの開始です。先ほどの飲み物選びのときの元気さはどこへやら、やんちゃなはずの男の子たちがまるで借りてきた猫のように緊張しています。まずは、今回集まってもらった目的を簡単に説明しました。相手の緊張をほぐすためと、ここでは何を話しても注意されないよという雰囲気を感じてもらうために、まずはインタビューする側の自己紹介から始めます。今回は二人（カメラマンと私）でインタビューを実施しましたので、まずは同行したスタッフと私のそれぞれが自己紹介し、中学校時代の自分たちやそのころ好きだったことなどを堅苦しくならないぶっちゃけトークのように話しました。そうすることで、生徒たちと私たちの人間としての距離が少しは近づきます（ここで生徒に「迎合」して話を盛ってはいけません）。

今回の面接の一番の目的は、生徒たちが「何に、どういうことに一番不満を持っているのか、困っているのか」を探ることです。ただし、面接ではいきなり本題に入ったりはしません。人間関係を少しずつ作り上げながら、徐々に核心に迫るという方法をとります。具体的には、子どもたちが本音で話せるように、ウォームアップとその後の関わりのきっかけ作りを兼ねて、かなり回り道をしながら面接をしていくのです（これを私は「**スパイラル法**」と呼んでいます）。

さて、いよいよ質問に入ります。

質問1　「先生たち（私たち）の自己紹介をしたから、今度はみなさんのことを教えてね。でも、自己紹介じゃなくて、ちょっと違った紹介をしてみましょう。今日は四人参加してもらったから、その中の一人を他の三人が紹介する形で先生に紹介してね。」

自分のことを説明するのは恥ずかしくても、友だちのことなら、ポツポツと紹介がはじまります（他己紹介）。特に男子は一般的に会話が苦手ですので、まずは単語だけが出てきます。さらに、自分のことを友だちがそんな風に見ていたのかという喜びや照れや新たな発見にもつながり、大ブレイクはしないまでも、それなりに生徒たちはこの過程を楽しんでいるように見えました。以下、当日の生徒からの「他己紹介」を一部紹介しましょう。

・生徒Aについて：「頭がいい」「かっこいい」「元気」「友だちいっぱい」「英語がしゃべれる」など

・生徒Bについて：「リア充」「バスケ」「字がうまい」「筋肉マッチョ」「少しテンション高い」など

・生徒Cについて：「元気」「戦うのが好き」「女子と仲がいい」「ふくらはぎの筋肉が卵みたい」「字がきれい」など

・生徒Dについて：「とにかく明るい」「テンションが超高い」「おもしろい」「考えてることが変態」「一緒にいて楽しい」など

などなど、申し合わせたわけではないのに、もちろん冗談は交えますが、なぜか、お互いの紹介の中に、相手をけなすようなネガティブな紹介は一つも出てきません。

ただ、これらの言葉は次々と流れるように出てきたのではありません。こちらが促して一つ、しばらくお菓子を食べて沈黙した後にまた一つと本当にポツポツと出てきたものです。その間、司会者である私（ファシリテータ）は、ニコニコしながら、でも〝決して急かさない〟で、その生徒のニックネームを言いながら、「○○君のことを教えてね。」というようにやんわり促していきます。そして、司会者は、その発言を軽く聞き流すのではなく、「へえ、そうなんだ。」、「ふーん、すごいねえ。」、「ねえ、ねえ。もっと詳しく教えて？」というように、興味を持って聴いていきます。特に生徒たちが一番嬉しそうに話していた彼女の話については、たくさんのつっこみ質問をしました（生徒がキラキラした表情で楽しそうに話すテーマはさらに掘り下げます）。そのようにしながら、面接開始当初ガチガチに緊張した様子だった生徒たちの表情がこの他己紹介でだいぶ和らぎました。そこで、次の質問に移りました。

質問2　「『自分の好きなもの（こと）ベスト三』を教えてください。」

最初の他己紹介の様子から判断して、今回の参加者はあまり話が得意そうではないように見えたので、この質問には、「**ポストイット法**」を用いました。

これは、人前で話すのが苦手な子どもがいることを想定してWYSHでよく用いる手法で、それぞれの子どもに質問に直接答えてもらうのではなく、一旦答えを付箋（ポストイット）に書いてホワイトボードに貼ってもらい、それを読み上げてもらうという方法です。同じことのように見えますがまったく効果は違います。生徒たちには、付箋一枚に一つずつ好きなもの（こと）を書き出して、それをホワイトボードに貼ってもらいました。作業を始めると、生徒たちは、隣の席の子と相談したりして、グループメンバー同士の会話が少し始まりました。フォーカスグループインタビューで最も大事な「**グループダイナミクス**」が少しずつ起こり始めたようです。

お互い小声で話し合ったりしながら、その後は、カリカリと鉛筆を走らせる音が部屋に響きます。さて、全員が書き終わったので、ホワイトボードに貼られた付箋の内容を発表してもらうのですが、今回は発表する内容がすでに付箋に書かれているので、前回の他己紹介のときのような沈黙はもうありません。ボソボソとですが、生徒たちは、順番に読み上げていきました。生徒たちが書いた「好きなもの（こと）ベスト三」の中には、他己紹介で少し彼女の話で盛り上がったせいなのか、四人中三人が、「彼女」を入れていました。それ以外には、「好きな食べ物」、「好きな部活」などが続き、発表する最中にも笑顔が入ったり照れながらも冗談を言ったり、徐々に、生徒たちの〝心の温度が上昇〟している雰囲気が伝わってきました。

そこで次の質問へと進みました。好きなものは誰でも答えられる差し障りのない質問で気持ちが楽しくなります。そこで、次にはもうワンランク上げた質問をしました。

質問3「では次に、①自分の得意なこと、②長所、③弱点の三つを教えてください！」

これも、前の質問の時と同じく、各自付箋に記入してもらって、それをホワイトボードに貼って発表する「**ポストイット法**」を用いました。

「好きなもの（こと）ベスト三」で雰囲気が和んできたので、ここでは少し自己分析に入りました。得意なことや長所は、普通なら、人前では自慢しているようで書きにくいですが、他己紹介ですでに他の生徒から指摘されているため、この順序で尋ねると、意外とスムーズに得意なことが出てきて、例えば、「サッカー」、「バスケ」、「テニス」などの部活動の他に、「ご飯を食べるのが早い」、「オムレツを作るのがうまい」などおもしろい内容も飛び出し始めました。自分の弱点も書いてもらいましたが、それは、次に学校や大人への不満を出してもらう前にそもそも自分たちに欠けていること（やるべきなのにやっていないこと）を再認識してもらい、一方的な非難になることを避けようと考えたからです。するとどうでしょう。「勉強をしない」、「勉強しないでスマホをする」、「思い通りにいかないとキレる」、「テスト前でもゲームをする」などと、とても冷静に自分を見ていると思える内容が次々と率直に出てきました。

さて、ここまでで自己分析も徐々にできましたので、いよいよ本題に入ります。[1] まずは、ムカついている生徒たちのガス抜きです。

質問4「学校は楽しいですか？　楽しいならどんなことが楽しいですか？　楽しくないなら

どんなことが楽しくないですか？　学校や授業にどんな不満がありますか？（個人攻撃にならないように、先生の個人名を出さずに教えてくださいね。）」

生徒たちはここまでの過程で、付箋に書いて発表することを繰り返し、しかも司会者が、その発表を聞き流すのでなく、「へえ、そうなんだ。すごいね。」、「えー、それってもっと詳しく教えて。」などと真剣に聴いていることがわかってきたため、この時点ではだいぶ自分で話せるような状況になっていました。そこで、この質問は、後に残らないように、付箋に記入させるのではなく、お互いに言い合う形式をとりました。

すると、途切れることなく次々と不満が出てきました。

「学校は楽しいけど、授業が楽しくなか。」

「授業が難しか。いっちょん（＝全然）わからん。」

「授業で話している内容がわからん。」

「授業がおもしろなか。」

「学校の先生を替えて欲しか。」

「男の先生が男子と女子で怒り方を変えちょる。女子には甘いのは好かん。」

「朝自習のとき、先生がペンをカチャカチャカチャカチャ何度も音をさせてうるさか。」

「彼女と一緒にいるとき先生から注意さるっとがうるさか（＝注意されるのがうるさい）。」

こちらのあいづちが間に合わないほど、そしてそんなことが不満なのかとこちらが驚くほど、ぞろぞろと多くの不満が出てきました。

〝彼女〟と一緒にいるときに注意されると言った生徒に、先生が何と注意するのか気になったので尋ねたら、「彼女と仲良くしたら注意される。」というので、「どんな風に仲良くしたら注意されるの？」ともっと詳しく聴いたら、「彼女を膝の上に乗せていたら注意される。」と言うので、「なるほどそれは注意されるね。私もその場にいたら同じこと言うよ。」と言ったら、「なしてー（＝なぜー）。」と不満そうな声を出すので、「だっておかしいでしょ。」と言いましたが、生徒は納得していません。性教育が必要だなあと思った瞬間でした。でも、今回の不満の列挙では、そもそも、この学校のＭ先生が悩んでいらっしゃったような深刻な不満という雰囲気はまったくありませんでした。

緊張がすっかりほぐれたようで、生徒たちは心に溜まっていたたくさんの不満をあげていきま

（1）　面接では、すぐに本題に入ろうとすることがよくありますが、時間は短縮できても、本音を聞き出すことはまずできません。生徒とのなごやかな関係も築けておらず、まだ穏やかな雰囲気も作り出せていない段階でいきなり本題に入り、機械的な質問をしたりすると、本音が出ないどころか、むしろ面接者に対する反発心を煽ったりします。ですから、ＷＹＳＨでは普通、徐々に本題に近づいていく方法をとります（このようなやり方を私は「**スパイラル法**」と呼んでいます）。

した。かなりの心の不満のガス抜きができたように思いましたので、ここで、気分転換を取り入れました。

気分転換は、「好きな相手当てクイズ‼」です。実際に何をするかというと、ティーンエイジャー向けのファッション雑誌（男子や女子の写真がたくさん掲載されているもの）を全員で見ながら、私がその中の一ページ（男女とも五―六人が写っている写真のあるページ）を指定し、そこにある写真を見て、各自心の中で（周囲の友だちには気づかれないように）、自分がいいなあと思う人を決めてもらいます。その後、A君が好きだと思う人を他の三人が当て、そして最後に本人が自分の好みの人を指差すという単純な遊びです。この遊びは、今回のように、真剣に話をした後、少しリラックスしてもらいたいとき、あるいは、生徒が口下手でなかなか話が出てこないときに緊張をほぐすために使うこともあります。実施には、数分間しかかかりませんが、生徒の生の表情が出やすく、楽しい和やかな雰囲気を作ることができます。この場合、生徒たちはときどき、「この中（写真の中）には自分の好みのタイプはおらん。」などと言うこともありますが、そのような場合は、「世の中に、この人たちだけしかいないと想像して、その中から選んでね。」などと言います。

気持ちが切り替わったところで、今度は家庭や家族への不満を尋ねました。

質問5　「おうちで、あるいは家族に対して腹が立つことや嫌なことを教えてください。」

もちろん、各生徒によって家庭の事情は異なりますので、具体的な悩みを聴くというよりも、家にいるときどんな気持ちなのかを尋ねました。学校への不満を語ってもらったときとは、大きく異なり、話は、ほとんど進みません。

「家は楽しいほうが多かかな。」

「お父さんとは仲良し。」

「家つまらん。」

「家ではそんなに話さん。」

などで、それほど活発な声は出ませんでした。最後に、今後の授業の方向性を考える参考にするために授業についての質問をしました。

質問6　「これまでに受けた授業の中で、一番心に残っている授業は？」「これから、もし私がこの学校に来るとしたらどんな授業を受けてみたい？」

この質問に対し、生徒からは、

「体育のはじめてリレーの選手になった授業。」

「体育でブラジルのサンバを踊ったこと。」

「小学校の最後の授業で先生と一緒に遊んだこと。」

小学生のころの思い出も出てきました。これからどんな授業をして欲しいかについては、四人が口をそろえて「英語」と答えました。そして、「国語は難しいから、わかる国語」。そして最後に、一人の子が、「どうして女子を膝に乗せたらいけないのかを教えてくれる性教育」と言ったので、全員で大笑いして今回の約二時間のグループ面接はお開きとなりました。

(5) インタビューへの男子生徒たちの感想

やんちゃな生徒だと聞いていましたが、部屋に入って来たばかりの緊張した表情とはうって変わり、全員、本当に満足そうに楽しそうに、軽やかなスキップするような足取りで面接の部屋を出て行きました。

面接の最後に生徒たちには、感想文をお願いしましたが、その一部を紹介します(原文のまま)。

質問「今日の『しゃべりば』はどうでしたか?」

生徒A「学校のこととか、いろいろな話をしてめっちゃ楽しかったです。誰にも話せないこととか、親や先生には話したくない話とかも話せて良かったです。学校のなやみとかも聞いてくれて、とてもめっちゃ話しやすかったです。最初来る前は緊張してたけど、リラックスして話せて楽しかったです。」

生徒B「いろいろな話をして楽しかった。ノリのいいやり方で話しやすかった!」

生徒C「いろんな話ができて、とても楽しかったです。とても話しやすくいろいろ話せました。」

生徒D「学校や親に言えないようなことも木原先生には、本音で話すことができました。とてもリラックスして話せたのが楽しかったです。」

男子グループのインタビュー

質問「また『しゃべりば』に参加したいですか？」

生徒A「何回でも参加したいです。また機会があったら誘ってください。よろしくお願いします。ありがとうございました。」

生徒B「はい参加したいです、お菓子とジュースが美味しかったです。」

生徒C「もう一度参加したいです。今日はとても楽しくておもしろかったです。いろいろ話を聞いてくださりありがとうございました。」

生徒D「絶対に参加したいです。まだまだしゃべりたいので、次、この学校にきたら、またゆっくり話したいです。今後のメールのやりとりも楽しみです。2学期の木原先生の授業もとても楽しみにしています！　今日はありがとうございました。」

このような感想文をもらい、こちらはびっくりです。思春期の男子のインタビューでいつも感じることですが、私の感覚としては、インタビューの間中、それほど大きく盛り上がった会話にまでは発展せず、終始ボソボソという会話が展開しただけなのですが、感想文を読むと、「たくさん話せた」、「とても楽しかった」と繰り返し書かれているのです。そしてこの例のように、感想文の最後にはこちらへの感謝の言葉まで書かれていたりします。

ベテランのM先生でさえも手を焼いている生徒たちが、実はちゃんとお礼の言葉まで書くことができるのです。この生徒たちは、本当はとってもいい子たちなんだと思いました。それがまだうまく出せていないだけではないかという印象を持ちました。「**問題の実像**」に一歩近づいた気がしました。

（6）インタビュー本番！――ワイワイ女子

昼食後は、女子のインタビューです。とても活発そうな仲良し三人組がやってきました。午前中のボソボソしゃべる男子たちとはうって変わって、キャーキャーと興奮したハイテンションの女子たちでした。

まずは、男子と同じように、**他己紹介**からスタートです。男子のときと違い、話が途切れることなく、溢れるように出てきます。もちろんおしゃべりが過ぎて脱線することもしばしばありましたが……。

・生徒Ａについて：「おもしろい」「やさしい」「一緒にいて飽きない」「運動神経がいい」「一緒にいるだけで楽しい」「いつも笑顔」「Ａの笑顔を見ると元気になる」など

・生徒Ｂについて：「やさしい」「めっちゃやさしいとよ」「いつも笑顔」「めっちゃダンスとか踊る」「ちゃんと宿題とかしてくる」「けじめのある人」「とにかくおもしろい」「明るい」「負けず嫌い」「誰とでも仲良くできる。でもはっきりしてる」「口が悪い」「めったに泣かない」など

・生徒Ｃについて：「声がでかい」「笑いもでかい」「態度もでかい」「意外と運動神経いい」「リーダーとか団長に向いてる。けどやらない」「明るい。ずっと笑ってる」「テンション高い。毎日」「落ち込んだりしたら、元気にしてくれる」「意外と守ってくれる」「やさしいよ。やさしい」など

参加した女子たちは、かなり活発ではっきりした性格のように見えましたが、他己紹介で、親しい友だちから、ポジティブな紹介を受け、そのコメントに素直に驚いたり喜んだりしているように見えました。このように、生徒の話を聴く第一ステップでは、生徒の心を和ませたり、開きやすい状況を作ることがとても大切です。

今回は、特におしゃべりの好きな生徒だったせいか、他己紹介も言葉が途切れることなく次々に出てきましたが、その中で驚いたのが、一人一人の生徒を他の生徒たちが紹介するというルー

ルを越えて、生徒たちが、自分たちの「共通点」を話し始めたことでした。最初は、学年全体での成績の順位が続き番号で同じくらい下であること、さらに家庭環境についても、こちらが尋ねてもいないのに、かなり立ち入った家族の状況を一人また一人とたたみかけるように全員が話し始めました。そんな「共通点」があり、相手の気持ちがわかるから友だちでいることがとても嬉しいという言葉まで出てきました。

インタビュー開始から、このように短い時間しか経っていないときに、重たい家庭の状況まで話が出て、しかもそれでかなり話が続くことは、非常に稀なことでしたが、かなり大変な状況のようでしたので、とにかく誰か聴いてくれる人が欲しかったのかもしれません。話した後に、どの生徒も最初のハイテンションの大興奮から少し落ち着き、ちょっと晴れ晴れしたようなリラックスした表情をしていました。

イントロが終わりましたので、いよいよ、最初の質問へと移りました。この部分は口で話すのでなく、付箋を配り、それに記入し、ホワイトボードに貼ってもらって、それを紹介する「**ポストイット法**」を用いました。

質問1　「好きなもの、大切なものは何ですか?」

この部分は三人とも、猛烈なスピードで付箋に記入し、次から次へと発表が進みました。

質問２「自分のいいところは何ですか？　得意なことは何ですか？」

この質問になると、途端に、ペンが進みません。「えええーっ。いいとことかなかよーー。」と三人とも途方にくれています。さきほど、他己紹介でお友だちに紹介してもらったことを書くように促すと、やっとポツポツと書き始めましたが、書くのが面倒になったのか、途中で書くのをやめて、口で説明をはじめ、それぞれいいところだと自分が思うところ、得意なところを紹介してくれました。でも、自己肯定感が低いのか、かなり数も少なく、自信なさそうな様子でした。

こういうやりとりから、少しずつ相手の状況をつかんでいきます。

ただ、将来の夢は何という質問には、「パティシエ」、「保育士」、「助産師」などかなり具体的な職業を嬉しそうに教えてくれました。

かなり、ウォーミングアップもできたので、いよいよ、今回の目的である、生徒の学校についての考えや思いを聞き始めました。

質問３「学校は楽しいですか？　『とても楽しいを一〇〇点』として点数で答えてね。」

これに対しては、「五〇点」、「六〇点」、「三〇点」という返答でした。

次に、この生徒たちのクラスでの位置づけを自分たちでどう思っているのかを尋ねました。

質問４「みなさんは、クラスの中で騒々しい方ですか？　『すごく騒々しいを一〇〇点』として点数をつけてね。」

この質問には、三人とも、即答で、「一〇〇点！」と大声で返事が返ってきました。

質問5「学校で楽しいことは何ですか？」

生徒から次々と返事が返ってきました。「友だちとしゃべるのが楽しい」、「昼休み」、「英語の授業がチョー楽しい」などなど。キャーキャーワーワーと三人そろって大声で会話が始まりました。しかし、授業のことに話題が及ぶと、最初こそ楽しい授業の話をしてくれましたが、生徒同士いろんなことを思い出しながらしゃべっているうちに、いつのまにか、風向きが変わって、嫌いな授業の話になってしまいました。出るわ、出るわ、嫌いな授業のことや、先生の嫌いなところなど、ネガティブコメントのオンパレードが延々と続きました。どうもよっぽど大きな不満が溜まっているようでした。

次に、家庭のことを尋ねてみました。

質問6「家庭は楽しいですか？『すごく楽しいを一〇〇点』として答えてね。」

生徒からは、「二〇点」、「一〇点」、「弟がいるからちょっとおまけして五〇点」などと答えが返ってきました。

インタビューの最初に、突然自分たちの複雑な家庭環境を話し始めた生徒たちでしたので、こちらからはあえて家庭についてそれ以上深く詮索するような質問はしませんでした。代わりに、将来に目を向けて、以下のように尋ねました。

質問7　「どのような家庭を築きたいですか?」

どんな夢が出てくるかと思ったら、

「子どもには自分のような苦労はさせたくない。」

「お母さんになったら子どもに『産まなきゃよかった』『消えればいいのに』と言わない。」

とポツリポツリと答え始めてくれました。その後、次々と驚くほど辛い経験が語られましたが、かなりの個人情報ですのでここでは割愛いたします。これらの話に私は返す言葉も無く、ただ涙が溢れてしまいました。

このセッションの最後に生徒たちが言ったことが非常に印象的でした。

「学校は楽しくなかけど、友だちと話せるけん、学校では嫌なことが忘れられるっさ。」

「だから学校は休まん。」

「学校では無理して明るくしてるー。」

この話を聞いて思いました。しょっちゅう授業妨害をしているとこの子たちは言ってましたが、本当はこの家庭に恵まれない子たちにとって、学校は「最後の心の砦」だったんだと。「問題の実像」がまた一つ見えたように思いました。

質問8　「学校に望むことは何ですか?」

「楽しい授業をして欲しい。」

「わからないところは教えて欲しい。」

「笑って欲しい。」

しかし、最初こそ、こんな学校に望むことを言っていましたが、またしても、気がつくと、学校や先生への不満がとめどもなく噴出してきました。少々のガス抜きでは追いつかないほど、大きな大きな不満がたまっている様子がうかがわれました。

質問9　「じゃあ、みなさん自身は、自分たちは今後どうしたらいいと思いますか?」

すると、ボソッと「暴言を減らす」、「私も」、「授業をちゃんと聞く」と言います。自分たちの日ごろの授業態度が決してよくないことは自覚しているようでした。

女子グループのインタビュー

写真提供：NHK

（注）この写真には諸事情により一人の生徒の姿しか写っていませんが、実際には4名の生徒がテーブルについています。

また、この写真は、3名の生徒を対象に行った1回目の面接ではなく、この3名をふくむ4名の生徒を対象に2回目の訪問時に行った面接（第2章参照）の様子です。

質問10「私（木原）が、この中学校に来て、どんな授業をして欲しい?」

「国語とか、英語とか数学みたいな勉強じゃなくて、先生も生徒もみんな変われるような『道徳』みたいな授業がいい。」

「木原先生が授業するときは、うちの学校の先生たちみんな聞きにきますよね。そんときに、うちの先生の心に響き渡るような授業をして学校を変えて欲しか。」

インタビューが始まってから、その時点ですでに二時間を超えていました。「これでインタビューは終わりでーす。」と告げると、三人同時に口を尖らせて「はやーーーーい。まだ続けるううううう。」と叫んでいました。

(7) インタビューへの女子生徒たちの感想

そして生徒たちは、以下の感想文を書いてくれました（原文のまま）。

生徒A「いいたいことを全部言えてよかった。もう一度参加したいと思う。」

生徒B「ちょーたのしかった。木原先生の質問のしかたが上手だった。もう一度参加したいとめっちゃ思います。はなすことなくても、いっしょにいたいと思いました。」

生徒C「たくさんしゃべれてたのしかった。けんかしたときのかいけつ方法をもっとしゃべりたかった。もう一度ぜったい参加したいです。」

部屋を出る間際に、生徒が一言、「淋しいな。」と言いました。その言葉がじわっと私の心にしみ、涙が出ました。そして、私の似顔絵を描いてくれました。

ここまでのインタビューから、「学校側から見ると大変な生徒たちのようでも、それぞれが色々大変な苦労を経験し、一人一人はどの生徒も基本的にはすごくいいものを持っている。それがうまく出せない状況の中で、学校に挑んでいるように見えるが、本当は逆に学校に〝助け〟を求めている。家庭に恵まれないこの子たちにとって学校は最後の心の砦。しかし、そうなれていない学校の現実に不満を募らせている。」そんな「**問題の実像**」が朧気に浮かんできたように感じました。

3　学校の先生方との意見交換会

生徒との面談の後、二年生の学年団の先生方から、話を聴いて欲しいというご要望があったため、意見交換会の場を設け、学年主任のM先生の司会で、先生方から生徒の状況についてのご説明を受けました。しかし、四時間以上を費やして生徒から聞いた話と、先生方からの情報はかなり食い違っており、立場や視点の違いにより一つの事象（O中学校の現状）がこんなにも異なって表現されるのかと驚きを禁じえませんでした。

さらに、先生方からのご要望で先生方お一人お一人からのお話もお聞きする機会も設けました。

しかし、お聞きすればするほど、先生方の間でもそれぞれのお話が違っていて、正直、私は非常に混乱しました。それぞれの先生方がお困りであるということは理解できても、問題の核心がなかなかつかめないのです。それぞれの先生方の「心のベクトル」がそれぞれ違う方向を指しているように見えました。

また、意外だったことに、事前の説明がなかったために、Ｍ先生とＩ先生以外は、ＷＹＳＨ教育のことをご存知なく、私はいわば「突然の訪問者」という立場であることがわかってきました。したがって、私が関わることを望んでいらっしゃるのかどうかがまったくわかりません。むしろほとんどの先生方は、外部者の関わりを望んでおられないように見え、これは、私がこの学校の前に関わったＴ中学校とは真逆の状態だと思われました。「**問題の実像**」が少し見えかけてきたと思ったのに、ここでまた谷底に落ちてしまったように感じました。このような状況では、こちらは一切の費用を自己負担する完全なボランティアですので、とてもご依頼はお受けできないと思い、Ｍ先生にご依頼をお断りすることをお伝えしました。お断りというよりも、今の学校側の状態では「不可能だ」とお伝えしました。

4　Ｍ先生からの再度の懇願

こうして当初の予定を終了し、翌日、ホテルの部屋で京都に帰るための荷物の準備をしているときでした。そこに、M先生からの電話がかかってきたのです。

「出発前に、三〇分でも、一〇分でも、いえ五分でも結構ですから。もう一度お話させてもらえませんか?」

どれだけ話をされても無理なものは無理だと思い、返答をためらっていると、

「実は、今、ホテルのロビーにおります。どれだけでもお待ちします。どうか一言でも話をさせてください。」

結局、急いで荷物を詰め、ホテルのチェックアウトを済ませ、飛行機の出発に間に合うためには、ぎりぎり何時にホテルを出発すべきか再度確認し、M先生の待つロビーに向かいました。

M先生は紅潮した顔で待っていらっしゃいました。私が話そうとするのをさえぎるように、M先生が話しはじめました。

「学校が、教職員もまとまっていないことは自分もよくわかっています。それでも、木原先生もお会いになってわかるように、今、学校で騒いでいる生徒たちは、本当のところはいい生徒なんです。でもそれを、自分だけの力では、いい状況にできないんです。どうか、どうか助けてください。」

私は、こう答えました。

「私もいろんな学校に関わりましたが、生徒にインタビューした限りにおいては、生徒たちは、本質的にはいい子ですし、命に関わるような問題が起こっているわけでもない。これまでに関わ

った他の学校と比べて問題がそれほど深刻には見えないんですが……。現状はそれなりにつかめましたので、京都からお電話やメールで助言させていただきます。」

しかし、M先生は一歩も譲る気配がありません。

「木原先生の負担になることは十分わかっています。ですが、もう一言付け加えさせていただきたいのですが……。今回は時間の制限もあり、生徒全員には会ってもらえませんでした。騒いではいない生徒たちも大変なんです。崩壊している学級で授業を受け続けているのですから、大変な忍耐を強いられています。その生徒の声を聴いていただけませんか？　そして、生徒たちを助けてもらえませんか?」

何度もM先生と私の間でやりとりがあり、私は最後の最後にこう答えました。

「それだけおっしゃるのでしたら、O中学校の先生方全員を巻き込んでの学校改革までは一人の力ではできませんが、どのような状況の生徒でも、これまで関わってきたので、生徒にだけはしっかり関わってみようと思います。ただ、うまくいくかどうか私もまったくわかりません。」

すでに空港に向けて出発しなければならない時刻をだいぶ過ぎていましたので、空港に向かう車に全速力で走りこみました。本当に、瀬戸際の土壇場の必死の懇願に、こちらの心もずしっと動きました。「やるしかないか……。」こうして、O中学校プロジェクトが動き始めたのですが、これが苦難の始まりともなったのです。

第2章　O中学校プロジェクトの始まり
――「問題の実像」を探る

1　正式訪問の下準備――生徒の現状調査（アンケートなど）

京都に戻り、その後二か月をかけて、O中学校の生徒の状況を調べることにしました。生徒の名簿を送っていただき、生徒一人一人について、担任の先生、生徒指導の先生、養護の先生と複数の先生方の情報を集め、生徒の様子をできるかぎり多角的に把握するようにしました。また、生徒全員の顔写真を送ってもらって、自分の部屋に張り出して、全員の氏名と顔と情報を記憶しました。そして、生徒と接するときには、必ず姓ではなく、名前で呼びます。これは、生徒たちとのやり取りの距離感を縮めるためで、私たちが、「パーソナライゼーション」と呼んでいる手法です。

そして、こうしたことと並行して、生徒にまず一回目のアンケート調査を実施しました（二回目のアンケートは、効果評価のためにプロジェクトが終わった六か月目に実施。第7章参照）。

内容は以下の通りです（問1・問2は五件法、[1]問3～問6は四件法による回答を求めました）。

〈アンケートの主な質問項目〉

問1―1　学校は楽しいですか？
―2　クラスは好きですか？
―3　部活は好きですか？
―4　友だちと一緒にいるのは楽しいですか？
―5　家庭は楽しいですか？
―6　家族は好きですか？

問2―1　友だちとうまくいかないことがありますか？
―2　先生とうまくいかないことがありますか？
―3　家族とうまくいかないことがありますか？
―4　授業は好きですか？
―5　自分が努力していると感じることがありますか？
―6　自分が誰かの役に立っていると感じることがありますか？

問3　自尊感尺度（自己評価・自己受容）に関する質問八問

問4　自尊感尺度（関係の中での自己）に関する質問七問

問５　自尊感尺度（自己主張・自己決定）に関する質問七問
問６―１　どれくらい勉強をがんばろうと思いますか？
　　―２　どれくらい部活や習い事、趣味をがんばろうと思いますか？

これらの設問への回答をスコア化して、点数が高いほど支援ニーズの高いことがわかるようにしました。この方法で、このクラスの生徒たちの点数を並べると、支援ニーズが非常に高い生徒が三六名中一〇名もいました。同じアンケートを他の中学校でも実施してきましたが、通常は支援ニーズの非常に高い生徒はクラスに一名程度しかいません。この数字から、何とかしなければならない様子がひしひしと伝わってきました。しかも、意外だったことに、ニーズの非常に高い生徒たちには一回目のインタビューに参加して〝いない〟生徒が大勢含まれていたのです。そこで、Ｏ中学校で授業をするには、さらに他の生徒たちにもインタビューが必要であり、また実際の授業の様子も見学する必要もあると思いました。

（１）　たとえば、「問１―１」は、「とても楽しいと思う」「楽しいと思うことが多い」「半々くらい」「楽しいと思うことが少ない」「まったく楽しいと思わない」から一つを選んでもらいました。

2 二回目のO中学校訪問――一〇月四日 【第145日目】

これまで、多くの学校でWYSH授業を実施してきましたが、その授業開発の準備のためのインタビューをしに同じ学校を二度も訪問したことはありません。しかし、O中学校の場合、M先生や他の先生方との意見交換から得られた情報や生徒へのアンケート結果と、最初のインタビューから感じられた生徒の様子の間には、かなりの食い違いがあり、まだO中学校が抱える問題は完全には見えてきません。インタビューからはごくごく普通の元気のいい（よすぎる？）中学二年生の様子しか感じられませんでした。このままでは授業のアイデアを考えることができません。O中学校の現状をさらに深く調べる必要があると思い、結局一〇月に再びO中学校を訪問することになりました。

今回は、一〇月三日（月）～八日（土）の一週間、O中学校のある市に滞在しました。京都とO中学校のある地域とは遠く離れているため移動は飛行機となります。到着は夜になりましたが、到着早々、明日からのインタビューに備えるために、ホテルのロビーでM先生やI先生（養護の先生）と会合を持ち、七月から現在までの生徒の様子、特にここ最近の生徒の様子や気になることをお聞きしました。生徒の状況によってはインタビューの流れや内容（取り上げる話題など）を変えなくてはならないため、直近の情報を収集したいと思ったからです。

まず、ロビーの椅子に腰かけてもいないうちから、開口一番に出てきたM先生の言葉。

「いやー、もう朝から大変ですよ。トイレに籠城する子が出て……。」

私が「もちろん大変だとは思いますが、私は、他にも大変な学校をたくさん経験してきました。生徒指導ベテランのM先生が一年以上も接してきて何が一番課題なんでしょうか？」と訊くと、

「落ち着いて授業を受けることができないんです。暴力で向かってくるとか、そういうことはないんですが……。とにかく教員の言葉に反応するっていうか……。いろんなことを試しました。でも、どれも効果がなかったです。今のままでは、この状況を抜け出せないと思いました。」と、助けを求めて来られました。


生徒のインタビューは前回のグループも含めて六つのグループに実施しました。生徒の面談終了後は希望される先生方の個人面談と、先生方全員集まっての相談会も予定されていました。

まず、生徒のインタビューは前回同様一つのグループにつき約二時間ずつ、今回は女子が四グループと男子が二グループです。前回のメンバーと同じメンバーを含めたのは、一度インタビューをしているので、以前よりも深い内容が聞ける可能性があること、さらに男子グループと女子グループを三グループずつと同数にしなかったのは、思春期の男子は一般的に口が重く、なかなか情報を聞き出せないため、女子のグループを二倍にして、女子からクラスの男子の様子を聞き出そうと考えたのです。また、前回はクラスでも活発な（授業中騒いでいる）生徒のみを対象にしましたが、今回は、授業中騒いでいない生徒たちの状況を把握するために、授業中真面目に参

加している生徒たちも面接の対象としました。

（1）真面目な子たちのインタビュー――「地獄絵図」

その真面目に授業に参加している男子生徒たちグループから意外な興味深い話が出てきました（発言のまま）。

私　　「みなさんのクラスの授業の様子に点数をつけてください。」
生徒Ａ「五〇点。」
私　　「なんで微妙に半分なの？」
生徒Ａ「（言っていいのかどうか戸惑い気味に）授業中も悪かったり……。」
……しばらく生徒同士がお互いの表情を見ている。探っている。
＊司会者は、次の回答を無理やり急かさず、静かに相手の言葉を待つ。
生徒Ａ「授業中は、……（かなりためらって）すごい。『地獄絵図』。」
生徒Ｂ「すげえ。大惨事やったもん。」
生徒Ｃ「勝手に席を立ったり、先生が怒鳴ったら怒鳴り返したり……。」
生徒Ｂ「先生にくそばばあって言ったり……。」
生徒Ｄ「うるせえ。消えろ。」
生徒Ｂ「まじ、うぜーとか……。」

生徒Ａ「授業が授業じゃない。」
会話の最初こそためらっていましたが、途中からはまるで堰を切ったように、生徒たちからＯ中学校の授業の日常の様子がとめどもなく出てきました。これまでＭ先生や他の先生方のお話を聞いても何かしっくりこなかった感覚にやっと合点がいきました。これはただ事じゃない。生徒は一所懸命我慢していますが、状況は深刻だとわかりました。
私　「同じクラスの生徒が授業中そういうことをすることに対して、(このグループの) みんなはやめた方がいいって思ってるの?」と聞いたら、一斉に返答が返ってきました。
生徒「思ってますけどー。口では言えない。」
全員大きくうなずきます。
私　「なんで?」
生徒「そんなこと言ったら、先生に向かってるのがこっちに集中攻撃が来て、それをみんな (授業妨害していない自分たち) は嫌って思ってるから……。」
生徒「そんなこと言ったら、いじめられるし……。」
私　「攻撃がそっちに来るのね?」
生徒「来るっす。」
騒いでいる側の生徒たちからは決して出てこなかった言葉を、Ｏ中学校への関わりを始めて三か月後にやっと聞くことができました。目の前にかかっていた霧が少し晴れて、まだぼんやりとですが、O中学校の「問題の実像」が以前よりもよく見えてきたような気がしました。

この男子グループのインタビューの感想です。

「言えないと思ってたことが言えたので楽しかったです。」

「とても話しやすく、僕たちの目線で話しかけてくれたことがよかったです。先生の口調が優しかったので、リラックスした状態で話ができた。」

「とても楽しく話をさせてもらった。食べたり飲んだりした方が多かった。最初緊張したけど楽しかった。」

「普段言えないようなことが言えてよかったです。名前を出さないでいいとわかったので本音が言えたからよかったです。木原先生の口調がやさしい感じだったのがよかったです。」

「楽しかったです。授業の話もできたからよかったです。親しい人と来れて、素直にいろいろなことを話せたことがよかったです。」

このグループには、成績が学年トップの生徒もいたり、執拗ないじめの対象になっている生徒もいるなどいろんな生徒が混在したグループでした。生徒たちは自分たちが食べたお菓子の包み紙をきちんとゴミ袋に入れて、晴れやかな顔をして部屋を出て行きました。

(2) 心図(こころず)法とマッピング法

二回目のインタビューの内容や方法は、基本的には一回目と同じです。しかし、前回の経験より、活発と聞いていた男子（クラスで騒いでいる男子たち）でさえ、話がなかなか弾まず、ポツリポツリという話し方でしたので、今回は言葉で表現するだけでなく、絵や図も使う方法も取り入れました。この方法は、WYSHのオリジナルで、その学校の生徒の状況により使います。

心図（こころず）法

一つは、「**心図（こころず）法**」で、生徒の話を引き出すために、よく行う方法で、生徒たちに、自分はどんな人間と思うかを図に表してもらう方法です。この方法を使うと、生徒たちは、率直に、カラフルにそして非常に多様な表し方で、今の本当の気分、あるいは友だちには見せていない自分などを表現してくれます。この「心図（こころず）」からは、例えば、〝友だちには「元気な明るい自分」しか見せたくない〟、〝暗い沈んだ気持ちは心のうちに閉じ込め、彼らが言うところの「親友」にさえ素顔を見せていない〟、〝友人間で元気な自分を演じているために、かなり疲れている〟といった様子を垣間見ることができます。

心図（こころず）の例と各生徒による口頭の説明（※O中学校以外の学校の生徒のもの）

【①ハートを持ったうさぎの絵】（過去にいじめられた経験を持つ生徒）

すごいかまって欲しいからめっちゃLINEとかしたりする。だけど、傷つきたくないから、自分を守りたいから、だからハート（図では黒い部分。実際は赤）隠してる。

心図（こころず）の例③

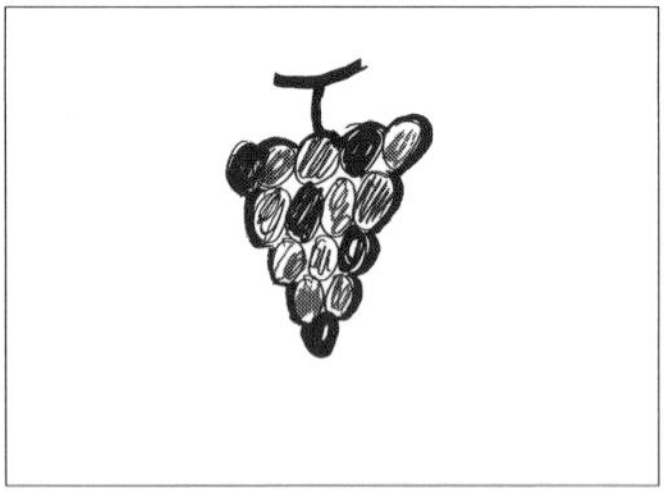

心図（こころず）の例④

心図（こころず）の例①

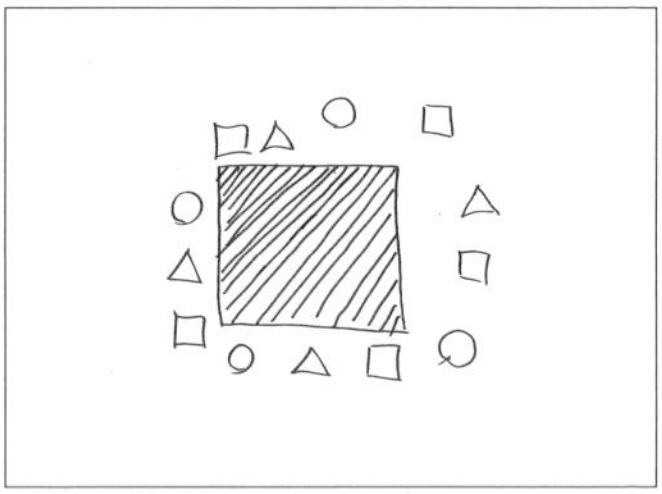

心図（こころず）の例②

（注）　心図（こころず）の例はO中学校以外の学校の生徒のものです。

【②黒い四角の周りに様々な形が散らばる絵】（家庭問題のある生徒）
内側（黒く塗りつぶされた部分）は自分で、外側は他人みたいな……。なんかこう一人一人に自分を変えたりして合わせたりするんですけど。（本当の）自分は見せないみたいな……。
【③半分ずつ白黒になった顔の絵】（過去にいじめていて、現在はいじめられている生徒）
（暗い顔の方を指差して）こっち側がひとりでいるときの自分。（明るい方を指差して）こっちは友だちといるときみたいな。オンとオフが激しいみたいな……。
【④カラフルな葡萄の絵】（過去にいじめられ、現在はいじめていて自傷行為のある生徒）
ま、友だちは大好きなんですけど……、いつ裏切られるか怖くって……。どうしても他の自分を作っちゃって……、いろんな自分があって。基本的に黒が本当の自分で、他のところでは自分をつくっちゃって色んな自分がいるから、色も色々変えてみた……違う自分がいっぱいいるから……（赤、青、黄、オレンジ、緑、紫、黒の七色）。

マッピング法

さらに、今回は、これまであまり使ってこなかった、「マッピング法」を採用してみました。これは、クラスや家族の中での自分の位置づけなど、口ではなかなか説明できないことを、まず図で表してもらい、それを使いながら説明してもらうという方法です。
例えば、クラスの場合は、クラスという四角いフレームワークを書き、その四角の中に自分と

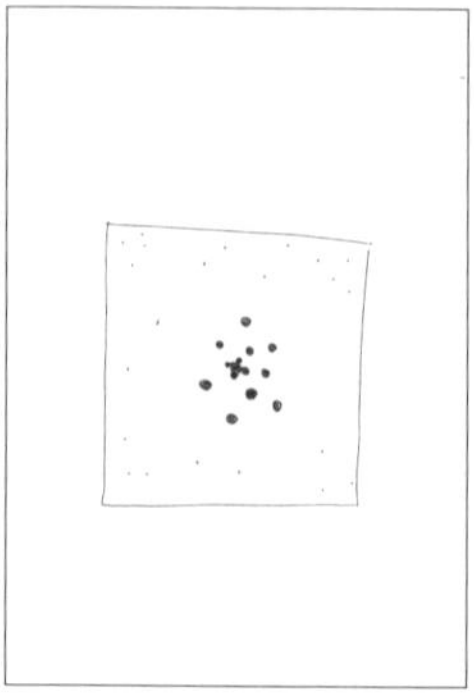

マッピング法の例①

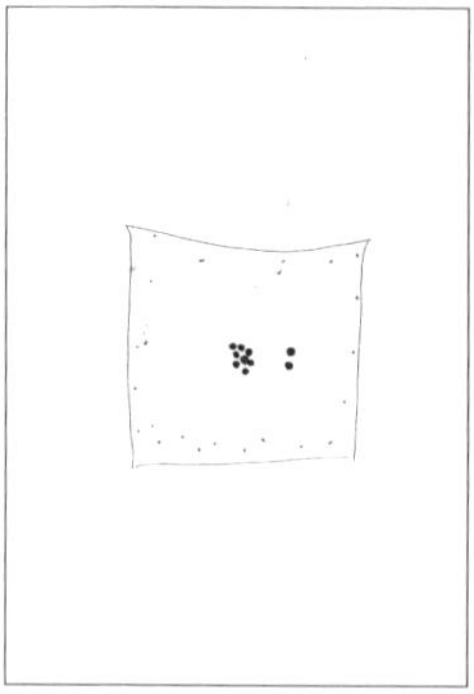

マッピング法の例②

クラスの生徒を●で表してもらい（一つの●が一人の生徒：もちろんクラス全員分の●を書く必要はなく、おおまかな様子を書いてもらいます）、その中のどれが自分なのかを示してもらうという方法です。

クラスの中で、その生徒が中心にいるのか、それともかなり周辺に追いやられているのかがこの図を通して見えてきます。またこれによって、授業中に騒いでいる生徒（もしいじめなどが発生している場合は、いじめをしている生徒たち）はクラスのどの位置にいるのか、つまりその生徒がクラスを牛耳っているのか、あるいは問題を起こしてはいるが、（「スクールカースト」とまではいかないまでも）弱い立場にいるのか、といったクラスにおける生徒間の力関係をある程度可視化（見える化）することができます。また、自分の周りの友だちとの距離からは、友だちグループと言っても、本当に心も近いのか、あるいは一緒につるんでいるだけで心はつながっていないのかなどをうかがい知ることができます。

こうして、合計一二時間の長時間にわたった二回目の面接を通して、クラスの中の様々な立場の生徒の話を聞くことができ、一回目の面接からは見えてこなかったクラスの状況の全体像、つまり**「問題の実像」**を多角につかめるようになってきました。

3　授業参加――「ロックコンサート」は普通の授業よりまし！

今回の面接でも、成績のいい悪いに関係なくO中学校には髪型や服装の乱れのある生徒は皆無でした。外見からはまったく問題が見えてきません。それではということで、直接授業の様子を見てみることにしました。これは、モデル授業を実施する学校では、いつも学校診断の一環として行ってきたことです。今回、私に関わって欲しいというご依頼をいただいたのは二年三組でした。二学年の中で最も授業が成立していないクラスだということでした。

今回の訪問の最終日一〇月七日午後の二年三組の授業に参加させていただきました。「授業参観」という言葉がありますが、教室の後ろで見物し、多少見下ろすような語感があるため、WYSHでは、その代わりに**「授業参加」**という形をとります。つまり、生徒たちと一緒にその一時間の授業を受けさせていただくのです。その日「参加」した授業は担任の先生による学級活動の時間でした。「人の話を聞くときに大事なことは何かを考える」というのが授業のテーマでした。まず、担任の先生が私を生徒に紹介しましたが、誰も前すら見ておらず、誰も担任の先生の説明を聞こうともしません。とりあえず、クラスの後方の座席が一つ空いていたので、そのグループの一員に加わることにしました。私が席についても特に興味を示すことなく、生徒たちはそれぞれのおしゃべりに興じていました。

まず、この段階で私はとても驚きました。というのは、面接では、それぞれの生徒と二時間近くも会話をしたわけですから、このクラスの多くの生徒とはすでに顔見知りのはずです。それなのに、誰も私に笑顔を見せるわけでもなく、関心を示すわけでもなく、騒ぐ生徒も、真面目と言われた生徒もほぼ全員が私に対して「完全無視」の状況でした。ああ、先生方が困っていらっしゃったのはこういう状況なのかと少しわかった気がしました。

私が着席すると、担任の先生がその日のテーマを黒板に書き、授業の進め方を例も示しながら説明されました。この間一五分くらいでしょうか。生徒たちは、担任の先生をまったく無視して自分たちのおしゃべりを続けています。そもそも前も向いていない生徒もたくさんいますし、立ち歩いている生徒すらいます。その中で、担任の先生が（体育の先生ですので、とても迫力があり声の大きい先生です）、大声で怒鳴るように叫ぶように説明しているのです。ときおり、先生の方をちらっと一瞥する生徒はいますが、身体を先生の方に向けてちゃんと聞こうとしている生徒は一人もいないように見えました。担任の先生はグループワークの説明を大声でなさいましたが、残念ながら、ほとんど私の耳には届きませんでした。ですから、これからグループでどのような作業をするように求められているのか理解できませんでした。

それでも、生徒たちは、担任の先生の「グループワーク開始！」という号令に対して（これも私にかすかにしか聞き取れませんでしたが……）、生徒たちはそれぞれのグループで何か作業っぽいことをはじめました。

生徒たちはいつもこのような大音響の中で授業を受けているので、この大音響の中でも担任の先生の指示が、少しは聞き取れるのかしらと感心したり呆れたり。

その後、グループワークに入ると、生徒たちの勝手な言動はさらにエスカレートしていきました。私が座っていたグループでも、私には指示は聞き取れませんでしたが、生徒たちはなんとなく、配られたプリントを基に「話し合い」を始めました。実際には「話し合い」といった秩序のある状況ではなく、耳をつんざくような大音響のおしゃべりの中、さらにそれぞれの生徒が大声で意見を言うという信じられない状況でした。完全に横や後ろを向いて隣の席の生徒と勝手なおしゃべりをしている生徒、消しゴムを切って、周囲に投げている生徒、一生懸命折り紙をして、それを窓から外に投げようとしている生徒、もうてんでばらばらです。実はその日はＮＨＫのテレビカメラが入っていたのですが、生徒たちは気にしている様子もありません。先生に対する暴言こそありませんでしたが、どう見ても授業は崩壊していました。カオスそのものだと思いました。

面接の中で生徒たちが言っていた、「**地獄絵図**」とはこれかとしみじみと感じました。私のグループには、友人間では立場の強い生徒が一人いましたが、その子が司会をして、半ば強制的に意見を集めていました。というか、私は、同じグループ内にいて、その生徒たちの隣に腰掛けているのですが、教室全体の大音響のため、私にはグループ内のその生徒たちの会話が何も聞こえなかったので、どんな話し合いがなされたのかわからないままでした。「ロックコンサート会場」で話し合いをしていると言えば、イメージしていただけるでしょうか？

「話し合い」の後、担任の先生がクラスの前方でその日の学級活動の作業のまとめをなさっているように見えましたが、私にはもちろん何も聞こえませんでしたので、わけのわからない喧騒の中で、授業は終わりました。

もちろん生徒の中には、騒々しい生徒もいれば、真面目な生徒もいます。その前日までの面接のときに会話が成立していた生徒たちが、今日は一体どうしたというのでしょう。騒々しい生徒だけでなく、真面目だと言われていた生徒たちも、誰もお互いを注意することもなく、同じように勝手な行動をとっています。その一方で、まったくその日の授業に関係なく、周囲に左右されることもなく、何かの問題集を黙々と解いている生徒もいました。このような状況下での自衛手段なのでしょうか。衝撃でした。

授業が終了した後、近くにいた私のグループの生徒たちに、今日の授業は、普通の授業の様子と比べてどうだったのかを尋ねてみました。そしたら、なんと、「今日は普通の授業中より大分よかった。」「普通よりもちゃんとできた。」と！　この想定外の返事にまた驚きました。

酸欠に陥りそうなくらい猛烈な熱気の中で全員が大声でしゃべり続け、先生ははるかかなたで大声を張り上げている、その授業が「普通よりもまし」だったとは……。その時の驚きを私は何と表現していいかわかりません。

また、一部の生徒だけが騒いでいるのでなく、一見真面目な子も周囲に懸命に合わせており、騒ぐとまではいきませんが、同調して強く影響を受けている様子がうかがわれました。いわば、「負のグループダイナミクス」が起きていたのです。

この「授業参加」によって、このクラスの「問題の実像」が一段とよく見えてきたように思われました。(2)

4　驚くべきアンケート結果——八四%が「変わって欲しい」!!

一週間の滞在の後、京都に戻り、今の授業のあり方とこれからの授業に対する生徒たちの意識や要望を調べるための短いアンケートを生徒たちにお願いすることにしました。

(2)　この授業の様子は後にNHKの番組（ETV特集）で一部放映されましたが、生徒の声を聞き取れるところを流していたため、いい状況とは言えないまでも、大音響のカオスではなく、授業はそれなりに成立しているように番組の中では見えます。

問1　授業中の状況がどのようになって欲しいと思いますか？

①ぜひ変わって欲しい

②できれば変わって欲しい

③どちらでもいい

④できれば今のままでいい

⑤今のままでいい

問2　その理由はなぜですか？（自由記載）

問3　あなた自身はどうしたらいいと思いますか？（自由記載）

その結果は、これまた驚くべきものでした。「**授業参加**」のときには、少なくとも私の目には、クラスの大半が騒いでいるように見え、もちろん主導的に騒いでいる生徒とそれに合わせている生徒という程度の違いはありましたが、残念ながらどうにかクラスの状況を自分たちで改善しようとしているように見える生徒は一人もいませんでした。

ところが、アンケートの結果はどうだったでしょうか。蓋を開けてみれば、三二人中「今のままでいい」と思う生徒はゼロ、「できれば今のままでいい」が一人、「どちらでもいい」が五人（理由には諦めの気持ちが書かれていました）でしたが、なんと「ぜひ変わって欲しい」と「できれば変わって欲しい」という回答が二七人で、八四％を占めているではありませんか！

アンケートの結果を見て，私は考え込んでしまいました。この結果は，周囲を先導して騒いでいた生徒たちも，それに合わせて騒いでいた生徒たちも，実はちゃんと授業を聞ける状況になって欲しいと望んでいることを示していました。大半の生徒が授業のあり方を改善したいと思っているのです。では，今，なぜそれができていないのでしょうか？

考えてみました。生徒たちの自由回答からは，生徒たちは先生方に激しい不満や不信感を持っている様子がうかがえました。

「授業が聞こえない。」

「授業が進まない。進まないとテストやこれから自分たちの学力に影響が出るので困る。」

それに対し，効果的な手立てができていないため，先生については，

「O中学校の先生を全員変えて欲しい。」

「先生方が大嫌いなので，別の学校に移動させて欲しい。」

授業が改善されないことへの大きな苛立ちが，先生方に激しく向いていました。

ただ，面接の中での生徒の発言を考えると，生徒の抱える問題は本当に先生方への不満や不信感だけなのかという疑問がわいてきます。生徒同士の力関係もかなり微妙な状況で，かろうじてバランスを取っているだけのようにも見えました。「騒いでいる生徒を注意したら，集中攻撃される。攻撃がこっちに向いてくる。」というインタビューでの発言は，実は発言できた数人の生徒だけの気持ちではなく，もっと多数の意見だったのではないか？　でも，お互いに友だち同士，

このような話題をあえて口にしないため、他の人もそう思っていることがわかっていないのではないか？ そして、中心になって騒いでいる生徒たちの中にも、実はそのグループの中で、違う行動をとって自分が攻撃の対象になりたくなくて、騒ぐ状況を続けていた生徒がいるのではないか？

5 見えてきた「問題の実像」

以上、合計二回の一六時間にわたるインタビュー調査の結果と、今回のアンケート、実際の「授業参加」の結果から、この学校の「問題の実像」がかなり焦点を結んできました。

生徒間の力関係はまるで薄氷の上を歩くように危うい状況です。「調和」を乱すと、攻撃の矛先が自分に向かってきます。そうならないように、矛先をほぼすべて先生方に向けることによって、このクラスは何とか奇妙な緊張関係とバランスを保っているように思われました。そして、先生方はと言えば、生徒たちからの日々猛烈な攻撃への対応に疲れ果てていて、授業改善という抜本的なことを考える余裕がまったくない……。

さて、この現状を基に、学級改革の方向性を決めなくてはなりません。まず、この時点でのO中学校の現状をまとめてみると、以下のようになります。

①かなりの授業で授業がまったく成立していない。

・生徒が授業を妨害する（一部のキレやすい生徒が主導的に）。
・主導的に妨害しないその他の生徒も、妨害する生徒に便乗して騒ぐか、妨害を無視して自衛手段として自習している。
②生徒は先生方に強い不信感を持っており、それが先生方への攻撃の背景となっている。
・妨害をする生徒を抑えてくれないことへの不満がある。
・生徒全員が興味の持てる授業を提供してくれないという苛立ちがある。
③生徒同士の人間関係は、極めて危うい。
・大半の生徒はとりあえず、周囲に合わせて、クラスの中心にいる支配力の強い生徒たちの攻撃の対象にならないようにハラハラしている。
・クラスの中心的存在で授業を妨害している生徒の間にも強い信頼関係があるわけではなく、お互いその中心グループから外されないように微妙にバランスを保っている状態である。
④中心的な生徒たちは非常にキレやすい。
・キレると先生を強く攻撃する。
一方、この生徒たちのいい点は何か？
①先生に非常に攻撃的な態度であるにもかかわらず、先生にまとわりついている。
・叱られても、数時間後には、生徒の方から声をかけてくる。人懐こい。
②元気がある（それだけの攻撃を続けられるエネルギーを持っている）。

こうした分析を踏まえて、このクラスに渦巻く大きな負のエネルギーを、大きなポジティブなエネルギーに変えられないだろうかと考えました。生徒たちは大きなエネルギーを持っています。また、周囲の大人を攻撃してはいますが、本当に嫌っているわけではないように感じました。生徒たちが本当に嫌っているのならば、これまでの例では、大人からの関わりを拒絶・遮断するはずですので、攻撃しても絡んでくるというのは、まだ希望があるように思えました。

しかも、意欲がないダラダラした状況ではなく、とてつもないエネルギーを持っているのですから、このエネルギーをうまくいい方向に持っていければ、生徒たちは素晴らしく状態に変われるのではないか、つまり、本来、それぞれの生徒が持っている一番いい部分を出して生きていけるのではないかと思いました。

しかし、今先生方に向かっているこの大きな負のエネルギーが、もし生徒同士に向かったら、大変ないじめに発展する可能性もありますので、それは絶対に避けなければならないとも考えました。

第3章 「思春期のこころ学」と環境整備
――一回目の授業と関わり

1 最初の授業――思春期のこころ学：一一月八日（三回目の訪問）【第180日目】

（1）準備――頭の中は疑問と不安だらけ

さて、いよいよ授業の準備にとりかかりました。まず、どれくらいの時間を使った授業にするべきかを考えました。そもそも、これまで長い間授業が成立していなかった生徒たちです。何コマも授業をできるとは到底思えませんでした。私自身も生徒とは面接の場でしか話していませんので、授業という別の場面で、生徒がどのような態度をとるのか、皆目検討がつきません。「授業参加」させていただいたときの生徒たちの私への反応は、前述のように完全無視でしたので、ほとんど期待はできません。そこで、最初に少し生徒たちとの心の距離を近づける必要があると考え、その時間を含めて、二コマという時間設定にしました。

次に、授業を成立させるために、何が可能だろうかと考えました。生徒たちの話によると、クラスを二つに分ける少人数授業と、先生以外に教育支援者が入っている科目では、それなりに授業が成立しているということでした。そこで、今回の特別授業は、少人数に分割する方式で実施することにしました。

O中学校で実施されていた少人数クラスというのは、出席番号順に前半と後半にクラスを半分に分けて実施する方法です。すでに一部の授業で経験していますので、生徒たちにも違和感がないだろうと思いました。授業が成立しない恐れのあるクラスですので、何か起こっても、少人数なら対処しやすいですし、授業中にも生徒全員に細かく目配りができることもメリットと考えました。

こうして、特別授業は、三六人のクラスを一八人ずつに二分割し、それぞれ二回の授業（合計四回）を実施することにしました。授業では、一八人をさらに六人ずつの三グループの島に分けて私の近くに扇型に配置しました。この人数と配置であれば、全員が私と近い位置にいますので、声をかけたり、変化に気づくことができます。

他の教科の少人数授業とは違って、私の授業では、出席番号順ではなく、出身小学校別にしました（この中学校にはちょうど二つの小学校からほぼ同数進学していたため）。これは、出席番号順では、いつもつるんで（一緒に行動して）授業中に騒いでいる中心グループのメンバーが一緒になってしまうので、それをバラバラにする目的で行ったものです。ただ、生徒たちは、通常の席替えのときにも、非常に激しく抵抗し、気に入らなければ、騒いだり自分たちで勝手に好きな席に変わったりすると、担任の先生から聞いていましたので、はたしてこの方法でうまくいくかどうかはまったく自信はありませんでした。

それよりも、私が参加した通常の授業の様子から考えて、授業そのものが成り立つのだろうか、最後まで生徒たちは座っていられるのだろうかと甚だ疑問で、不安ばかりが頭の中で渦巻きます。あれこれと授業の展開のシナリオを想定しては、その場合の対処方法も考えました。例えば、授業妨害をする生徒が出た場合、その生徒たちをどうするか、真面目に聞こうとしている生徒の妨げになるので、教室の外に出そうか……、しかし、騒いでいる生徒にも学ぶ権利があり、しかも私はこれまで、どんなに不真面目な態度の生徒でも教室から追い出した経験はないので追い出すのはどうも違う……、騒ぐ生徒がいたら、授業をしている教室内の一番隅っこで自習をしてもらうようにプリントを準備しようか……、しかし、静かにプリント自習をするだろうか……、そのように強制しても何か意味があるんだろうか……、すべてが疑問でした。

このように不安だらけでしたが、O中学校の先生方には、私の特別授業中に生徒が騒いだり、勝手に教室を出て行ったりと、どんなことが起こっても、絶対に何も口出ししないで私に任せて欲しいとお願いしました。もちろん、自信があってこのようなことを言っているのではありません。自信はありませんが、これまでも、私に任された授業はハプニングも含めて、すべてこちらのスタッフで対処してきました。できるだけありのままの姿で、生徒たちに接したいと考えたからです。

(2) 意外や意外、みごとな杞憂

しかし、実際の授業がはじまり、蓋を開けてみると、意外や意外、最初こそ、新たなグループ編成に不満の声が少し出て、自分の親しい生徒の方向に椅子を向けたりしていましたが、それが続くことはなく、生徒は全員指定された席に座って、なんと全員が授業を聞いているではありませんか！　しかもこの状態は二コマ目の授業終了まで続き、私が心配していた、授業が成り立たないときの準備などは使う必要も無く、幸いなことに、私の心配はみごとな杞憂に終わりました。

さて、今回の一コマ目の授業の最終ゴール（真の目標）は、「ちゃんと授業が聞ける状態のクラスになるにはどうしたらいいのか自分たちで考える」ということにしました。生徒たちを大人が一方的に叱ったり、指示命令したりするのでなく、自分たち自身で解決策を見つけてもらおうという戦略です。ただ、この「真の目標」をそのままむき出しにしたのでは、説教じみていて、またあまりにも直接的過ぎて、生徒たちは、うまくのってこない可能性があります。授業に生徒たちを自主的に参加させる雰囲気作りをしなくてはなりません。

そこで、以前の面接の中で、数人の女子生徒からもらっていた、「自分たちの年齢の子どもの心理学みたいな心のことを知ることができるような授業を聞いてみたい」という要望を取り入れて、二コマの授業全体のテーマを「思春期のこころ学」とすることにしました。

二コマの授業ですので、このテーマを二つのパーツに分けました。特に、この中学校の生徒の特徴として、非常にキレやすく、それが授業崩壊の一つの要因ともなっていましたので、まずは、キレやすい「思春期のこころ」とどのように向き合ったらいいのかという結構難しい内容を、堅苦しい授業でなく、ユーモアを交えた、自分たちも経験が「ある」と身近に感じられる授業になるような「アルアル体験授業」とすることにしました。

まず、普通は授業にまったく興味を持たない生徒たちですので、最初に生徒の関心をこちらに引きつける必要があります。そこで、Ｔ中学校プロジェクトのときに作成した、ＷＹＳＨオリジナルのうさ爺《じい》キャラのＤＶＤを使って、うさ爺の言葉で、「今日はわしと一緒に思春期のこころをみんなと一緒に勉強しよう！　ピョン」としわがれ声で呼びかけました。これで、今日は一体何の授業なのか、そのテーマを生徒たちも理解できます。

（3）一コマ目の授業①——思春期の身体とこころ（二次性徴の話）

まず一〇分くらいを使って、簡単な「二次性徴」の授業を行いました。この一〇分というのは、通常の二次性徴の授業に比べればとても短い時間設定です。短くした理由は、今回の「二次性徴」の授業部分は、あくまでも授業のイントロと位置づけたからです。しかも、普段授業をまったく聞けていない生徒たちですので、あまり長い時間は集中できないだろうと考えたのです。では、なぜ、いきなり「二次性徴」の授業なのかということですが、理由は二つあります。

一つは、些細なことでもキレやすい生徒たちに、「それは全部が自分たちの性格のせいというわけではなく、二次性徴に伴うホルモン分泌上昇は身体だけでなく心にも影響し、そのために怒りやすくなったり、イライラしたりするのだという、気持ちの逃げ道を作る」ことです。そして、二つ目は、「性の話（性教育）を通して、大人と生徒の距離を近づける」ことです。この二つ目の理由はわかりにくいので、少し説明しておきましょう。

これは、これまでの私の長い経験や私が接した多くの先生方の体験談に基づくものです。性教育が専門かどうかに関わりなく、性の話を生徒にするのは誰でも苦手のはずです。しかし、実は、そのような一歩踏み込んだ話をしてくれる先生に対しては、生徒の親近感がわき、距離感がぐっと近づくのです。もちろん、単に性的な話をし、生徒に迎合した卑猥な話をするという意味ではありません。雄弁でなくても、苦手なことを一生懸命伝えようとする、普通の授業では見られない先生の姿が生徒の共感を呼ぶのだと思います。また、生徒同士も、関心はあっても、普段真面目にお互いあらたまってこのような話をすることはありませんし、茶化しにくい内容でもあり、軽い冗談を言うことはあっても、大抵は意外なほど真面目に聞いてくれます。

このような理由から、私はＷＹＳＨ教育をするときは、どこかに、スパイスのように性教育をはめ込みます。ですから、今回も「思春期のこころ学」ですので、まさに思春期のこころの変化を知る一つの切り口として「二次性徴」のミニ講義を入れたのです。

（4）一コマ目の授業②――「キレやすいこころ」

続いて、「キレやすいこころ」と題して、「キレそうになったらどうするか?」を生徒たちに考えてもらいました。いわゆる「怒りの対処法（anger management）」を一緒に考えようということです。ただ、この部分も堅苦しく考えさせるのでなく、動画なども使ってコミカルで楽しめるようにデザインしました。

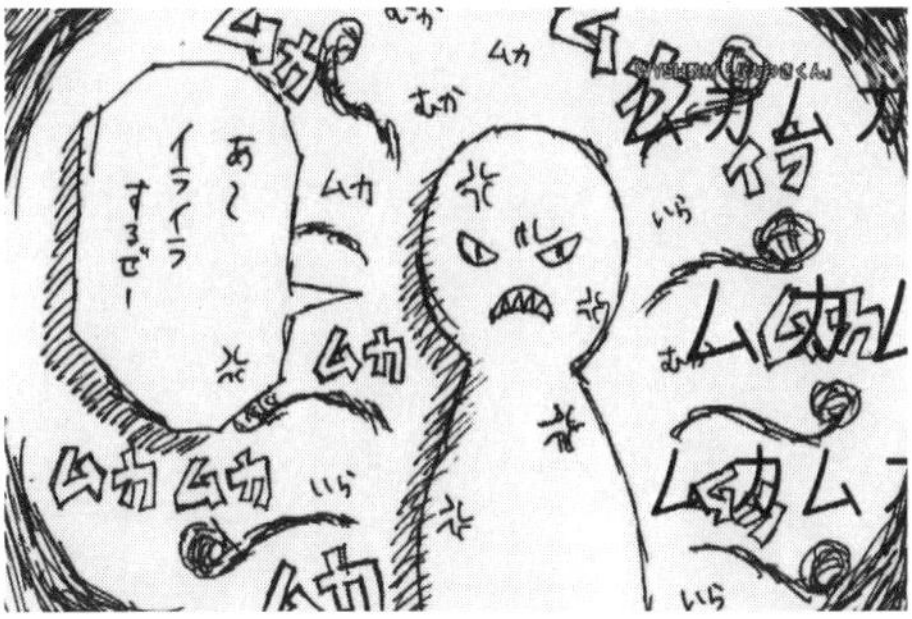

ムカつき君

動画「ムカつき君」

導入には、この授業のために作成した、何にでもすぐ腹を立てる「ムカつき君」というオリジナルキャラクター（私の娘のデザイン）を使って、生徒たちにもよく「ある」ような「アルアル事例」を動画を使ってみせました。キャラクターは親しみを持てる、ネガティブ感の少ないものにしました。

このムカつき君が、よくある三つの事例をまず見せます。

①雨が降る（天気などどうでもよい些細なことにいちいち腹が立つ事例）

②大人から一方的に叱られる（生徒たちが毎日経験しているこ

と）

③友だちから悪口を言われる（これもよくある事例）

そのたびに、ムカつき君が登場し、腹を立てる様子を、「ムカカ、ムカカ、ムカカ、ムカカ、ムカカ、ムカカ、ムカカ」という音声とともに、画面が真っ黒になるほど、ムカムカという文字を重なり合わせることで、激しく腹を立てている様子を表現しました。生徒たちは全員大笑いでした。

「ぱなし」ではなく、「誰でも」発表

次に、生徒たちが日常よく遭遇するであろうムカつく「アルアル事例」（キレそうな事例）をユーモラスな動画で提示し、

「こんな風にキレそうになったときにどうしたらいいと思いますか？」

「気持ちを落ち着かせるようなアイデアを紙に書き出してください。」

と問題を投げかけ、各自付箋に自分の考えを書いて、グループ別の台紙（A3サイズの可愛いオリジナル台紙）に貼るように伝えました（五―七分間）。同じ作業にはすぐに飽きてしまう生徒たちなので、何でもできるだけ短時間で、簡潔にサクサクと進むように準備しました。

付箋一枚にはアイデアは一個ずつ、そして名前は書かないというルールにしました。見ると、すごく速いスピードで付箋に書き込んでいる生徒もいれば、じっくりゆっくりと考えながら記入

している生徒もいます。どちらの生徒も大切ですので、じっくりゆっくり書く生徒は付箋一枚でも書ければオーケー。速く書いた生徒には、思いつくアイデアを可能な限り何枚でも付箋に書き続けて、台紙に貼るように指示し、速く書いた生徒が、ゆっくり書いている生徒を急かしたり、邪魔をしたりしないように気を配りました。これも教室をファシリテーションする技法の一つです。

このクラスは、授業が成り立っていなかったクラスでしたので、このような方式にしましたが、普通に授業が成立しているクラスであれば、一歩発展した形として、各自が単に、自分の考えを付箋に書いて台紙に貼るだけでなく、台紙に貼られた付箋を内容の似たグループに分けて整理するという作業（内容分析）を指示することもあります。それによって、あとの発表のときに、同じような考えがいくつくらいあるのか、同じような考えの人が多いのか少ないのか、あるいは、まったく違う考えの人もいるのかなど、そのグループ内の生徒の考えの全体像を図として可視化（見える化）することができます。生徒は、こうしてまとめられたものを発表することになりますので、発表する側も、聞いている生徒も内容を理解しやすくなります（このような話し合いの進め方は、高校や大学あるいは大人になってからも、必ず役に立つスキルとなるのでお勧めです）。

それでは、次に発表です。各グループから出てきたアイデアを発表してもらいます。どのグループからはじめるかは、最初に発表したい班を挙手で募ってスタートしますが、どの班も発表したがらない場合は、じゃんけんで負けた班から順に発表させたりします。ＷＹＳＨ教育では、発表はグループ「**全員**」が行うことを基本とします。発表と言っても、突然指名されて、その場で考えるものではなく、すでに付箋に書かれたものを読み上げるだけですので、活発な生徒かどうか発表が苦手かどうかに関係なく「**誰でも**」できることです。この「誰でも」「全員」が、WYSH式ファシリテーションの重要な鍵を握ります。普通の発表では、発表したい子やできる子だけが発表し、「先生とその子たちの間だけの世界」となって、他の生徒たちは置いてきぼりになりがちですが、この方式ではそれを防ぐことができます。

そして発表の間は、教員は、黙って聞き流すのでなく、一人一人の発言内容をしっかり聞いて、聞き終ったら、大きく笑顔でうなずきながら「はい」、「おもしろいね」、「へえそうなんだ」などと、時間のかからない一言コメント（褒めている雰囲気の含まれるポジティブコメント）を心を込めてつけていきます。

また、グループ全員の発表が終わったら、そのグループの発表に対し、全員が必ず拍手をするようにします。要は、グループワークの作業中、生徒を「ぱなし」つまり、「考えさせせっぱなし」、「書かせせっぱなし」、「発表させせっぱなし」の状態にしないことがポイントです。この拍手には、すべての生徒の発表に対して、教員からの承認と他の生徒からの承認を示すという意味があります。現代の子どもたちが一番欲しているものは「承認」、つまり人から認められることです。私も多くの生徒たちに接してきた経験から、そのことを非常に強く感じます。このグループワークの作業によって、生徒同士の連帯感・協調関係が強くファシリテートされ、生徒にも「認められた」という自信が生まれます。

さて、一般論はここまでにして、このクラスの場合、グループワークはどうだったのでしょうか。幸い、グループワークの間中、席を立ち歩く生徒は一人もいませんでした。しかし、私の心中は穏やかではなく、生徒ににこやかな笑顔を向けてはいましたが、最初だけかもしれない、途中で誰か急にキレ出して、滅茶苦茶になるかもしれないなどとしばらくは頭の中で思いが巡っていました。しかし、できるだけ目線を生徒の高さにしつつ声をかけながら巡回し、一生懸命生徒との距離を近づけようとしていたら、色んな心配をする余裕も消え、気がつくと頭が空っぽになって生徒を信じていました。

「ゴミ集め巡回」作戦

また、このクラスの場合、巡回と言っても、いかにも大人から監視されているような雰囲気は生徒たちは嫌だろうと考え、また、生徒たちが身の回りの整理整頓がとても苦手だと担任の先生から聞いていたので、私はビニールのごみ袋を持って、丸められた書き損じの付箋を集めて廻りました。そのようにして巡回すると、生徒たちは書き損じの付箋を手渡してくれますので、そのたびに、いちいち「ありがとね。」とその子に声をかけることができ、また笑顔を向けることもできます。ときには手に触れることもあります。そのような、自然な「ゴミ集め巡回」の中で、「どーお？　少し書けた？」などと声をかけていきました。これは、その場で思いついたアドリ

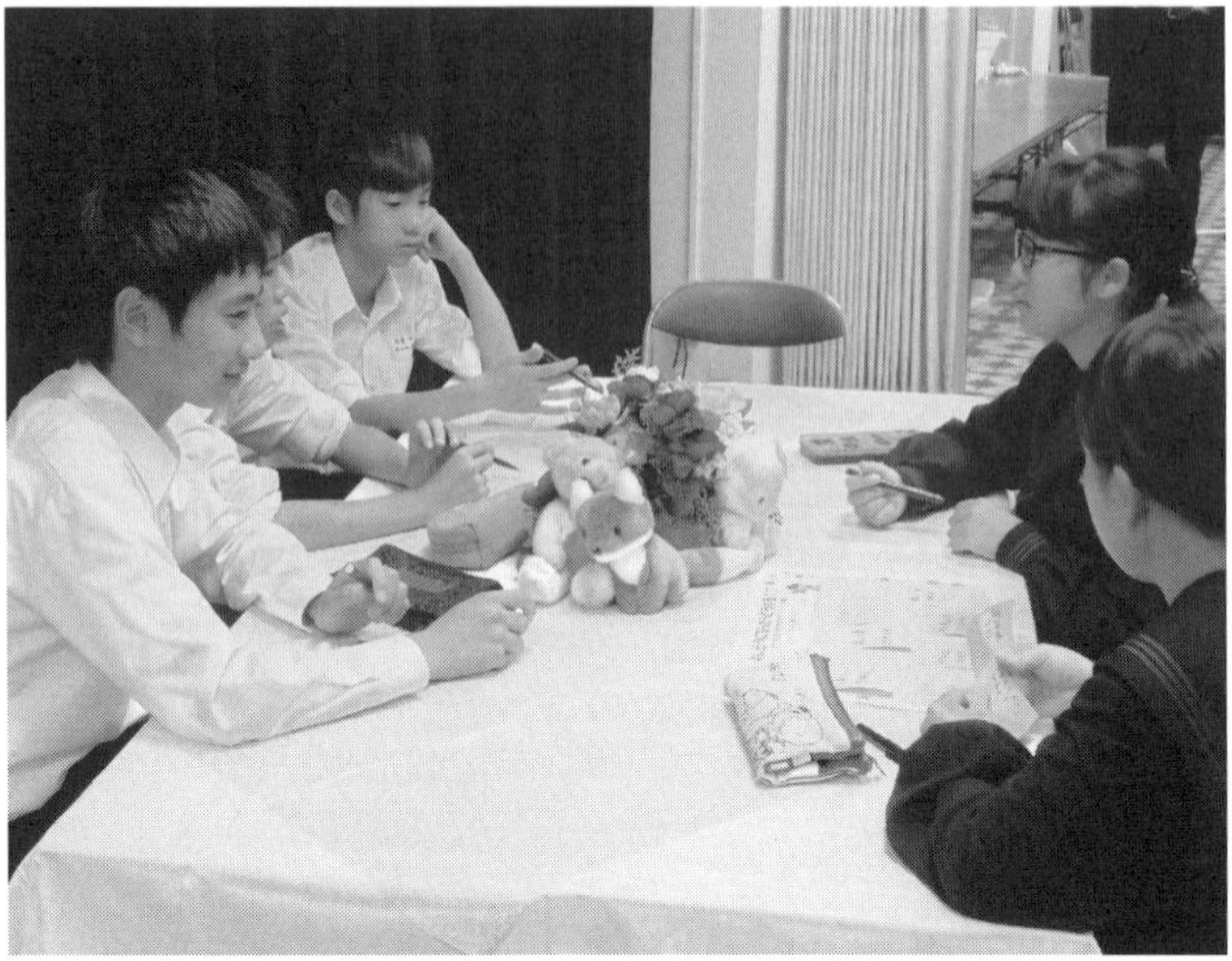
予想外に真面目にグループワークに取り組む生徒

ブで、O中学校のように生徒からの反発が強いと思われた状況下で咄嗟に思いついたアイデアでした。

さて、生徒たちはどんな様子だったのでしょうか？

最初こそ、鉛筆をクルクル回して考え込んでいましたが、しばらくすると、カリカリ、カリカリと付箋に鉛筆で、それぞれに生徒がアイデアを書き込んでいったのです。驚くほど和やかに展開していきました。

そして、その台紙に貼られた付箋の内容を、一人一人の生徒が、順番にマイクを回しながら発表し、私からは相づちやコメント、そして他の生徒からの拍手をもらうと、生徒たちは、いつになく、照れたような、紅潮した顔をしていました。

「どんなときにイラつくか？」を発表する

こうして、「キレそうになったときどうしたらいいか？」について、生徒自身から様々なアイデアが出されました。

この後、私は、事前に用意していた、ムカつきを抑える方法についての動画を生徒たちに見せました。これは、「サトスちゃん」という、WYSHオリジナルの女の子のネズミのキャラクター（私の娘のデザイン）がムカつきを抑える方法を示していくというコミカルな動画で、思春期の子たちは、大人からのアイデアの押し付けを嫌うことに配慮して作成したものです。その内容は、

①深呼吸をする

②イラつくことを書き出す

③好きなもの（猫など）を想像して気持ちを和らげる

というごくごくありふれたものですが、自分たちで一旦対処方法を考えてもらった後では、メッセージ

の浸透度が高まります。もちろん、生徒たちからそれよりもおもしろいアイデアが出てきますので、その場合は、「みなさんのアイデアの方がとってもよかったですね。」などと、素直に生徒のアイデアを褒めていきました。

ここで、一〇分間のトイレ休憩です。

(5) 二コマ目の授業——授業のあり方を考える

この授業は、授業のあり方を考える授業で、これは今回の授業の核心となるテーマですが、いきなりその議論に入るのではなく、こころを温めながらその話題に入る段階的アプローチをとりました。

ウォームアップ1——ウサ爺の動画

まずは、一コマ目と同じく、ウサ爺の登場です。動画（二分程度）を使って、授業のあり方を考えることを、ユーモラスに伝えました。動画は、ウサ爺（ウサギのお爺さんのキャラクター）は実は昔無口だったので（ウサギだから当然）、おしゃべりで授業の邪魔はしなかったが、時々、無断でウサギ小屋を抜け出していた（つまりクラスから抜け出していた）ことをうっかり告白してしまうというストーリーで、最後にウサ爺が、照れ隠しに「何を言わすんじゃ、バ、バ、バカモーン。」と言って終わるという内容です。

ウサ爺

ウォームアップその２
――「理想の交際相手」、「理想の友だち」

そして、授業に入りましたが、「中二のこころ」と題して、三つのテーマを考えてもらいました。最初の二つのテーマは、

①「理想の交際相手ってどんな人？」
②「理想の友だちってどんな人？」

で、そのうちの「少なくともどちらか一つ」を考えてもらいました。このクラスの現実の友人関係は、かなりの緊張状態にあることがわかりましたので、それを和らげるのがここでの目的ですが、友人関係だけに絞ると緊張感が強くなりすぎると思い、それを和らげるために、交際相手をからめたのです。

これまでの経験でも、「理想の交際相手」の場面では、他の生徒の意外な一面を見ることで雰囲気が和み、生徒はリラックスし始め、話が広がりやすくなります。「理想の交際相手」を人前で言うのが恥ずかしい、あ

るいは考えたこともないという晩生《おくて》の生徒は、「理想の友だち」のときに発表してもよく、もちろんどちらにも答えたい生徒はそうすることもできます。二つのテーマを出すことで、生徒の選択の幅を広げ、全ての生徒が少なくとも何か一つでも答えられるように配慮したのです。

さて、実際の答えを見てみましょう。最初の「理想の交際相手に関する質問」に対して、ある男子生徒は、「自分よりも頭のいい女子が理想。」と答えました。理由を聞くと、「宿題を教えてもらえるから。」などという、ちゃっかりした理由がでてきたりしました。普段は非常に静かな生徒からは、「活発な人がいい。」という発言が出たりしました。他の生徒の交際相手に対する意外な理想像を知り、笑いが起きたり、驚きの声があがったりしました。そして、このときとても印象深い出来事が起こりました。それは、クラスのかなりの人からのけ者にされている男子生徒が、理想の交際相手に「自分と性格が似た人。」という発言をしたときでした。すると、クラス中が「ええ、やべえーーー。」と騒然となりました。なんと、そのとき、クラスでは授業を引っ掻き回す筆頭格の一人と言われていたある女子生徒が、すかさず、「それは個人の意見だ！（だからけなすのはおかしい）」と彼をかばう発言をしたのです。この生徒は実はとてもやさしい子なんだと直感しましたが、そのことは後からの関わりの中でも明らかになっていきました。色々なことがあったO中学校でしたが、この最初の授業でもこんな驚きの展開があったのです。

この「理想の交際相手についての質問」には、一コマ目のミニ性教育の部分にも共通するものがあります。つまり、ちょっとドキドキするような、いつもは周りの生徒を牛耳っている男子が照れたりする場面が生じることで、クラス全体の緊張感が緩み、一体感が生まれるのです。
　生徒たちが答えてくれた理想の交際相手は、
「優しくて、真面目で、勉強を教えてくれる人」（男子）
「守ってくれる人」（女子）
「なんでも聞いてくれる人」（女子）
「背が高い人」（女子）
「美人」（男子）
　などなど、とても興味深い正直な声が聞けました。
　このような状況で雰囲気が温まったところで、「理想の友だちについての質問」に移りました。思春期の生徒たちは、いつも、いわゆる「友だち」に振り回されています。「友だち」からの承認や評価が最重要課題であり、「友だち」からの仲間はずれに遭おうものなら、「もう、生きていけない。」という気持ちにさえなり、ときには、それが保健室登校や、不登校につながることもあります。
　なぜか、この年代の子どもたちは、いつも数人ずつで群れて行動します。その「友だち」数人のメンバーはいつも同じというわけでなく、微妙に、あるいは突然変わったりします。その本人の意思でグループから離脱した場合は大丈夫ですが、何かのきっかけで外されたりした場合は、その生徒は非常に苦しみます。

ですから、自分がその外される立場にならないために、毎日、懸命に（ときに無意識に）、「友だち」に合わせる言動をとります。仲間うちでも、受け狙いのためにわざと過激な言葉を発したり、粗暴な（ふざけた）振る舞いをしたりすることもあります。

授業崩壊を起こしているこのクラスの場合もまさにそうでした。騒いでいるグループも、静かなグループも、一見、一つにまとまっているように見えましたが、面接で丁寧に調べてみると、結構、危ういバランスの中にあることがわかりました。例えば、クラスの中心で騒いでいる生徒たちのグループもそうで、いつも同じメンバーで同じリーダー格の子を中心に騒いでいるように見えましたが、グループ内の力関係は、固定したものでなく、リーダーと思しき生徒も頻繁に入れ替わり、かつてのリーダーがグループから外されることさえあるという状況でした。また、その他大勢の一見安定して見える生徒たちも、それぞれに小さなグループを作り、グループ内では、仲良くなったり、喧嘩して追い出されたりと、騒いでいる生徒のグループと同じことが起こっているようでした。

だからこそ、「理想の友だち」について考えてもらおうと思ったのです。どんな理想でもかまわないのです。生徒たちに、「友だち」とは何かを、真面目に考え、みんなで共有する場を提供したかったのです。

理想的な友だちについても色々なアイデアが出されました。

「ずっと前のことでもありがとうって言ってくれる人」（女子）

「うらおもてなくて、信じられる人」（男子）
「いつもそばにいてくれる人」（女子）
「自分の気分によって態度をころころ変えない人」（女子）
「困ったときに話を聞いてくれる人」（女子）
「助けてくれる人」（男子）

いよいよ本題へ——授業のあり方のグループワーク

こうした二段階のウォームアップを経て、いよいよ本論に入りました。テーマは、ずばり「授業を落ち着いた状況にするにはどうしたらいいか？」です。

まず、クラスの共通理解を促すために、前述した（第2章）、このクラスの生徒たちに行ったアンケート結果をグラフで示し、次のことを説明しました。

・ほとんど（八四％）の生徒が、今のクラスの授業中の状況が変わって欲しいと思っていること
・変わって欲しいと思っている生徒には、騒いでいる生徒も含まれていること

これを見た生徒たちの反応は、納得する生徒、意外な顔をする生徒、安心した顔をする生徒など様々でした。ここでアンケート結果を出したのは、クラスの大多数が「変わって欲しい」と思っているとわかれば、「授業を落ち着いた状況にするにはどうしたらいいか？」というテーマに取り組みやすいと考えたのです。これは「**規範形成**」と言われるアプローチで、ＷＹＳＨの性教

育でも取り入れています。

このような「規範形成」の土台の上で、いよいよ中心部分に進んでいきました。生徒たちには、

・一枚の付箋には一個のアイデアを書くこと

・先生でも生徒でも個人名は出さないこと（個人攻撃を避けるため）

を約束してもらった上でグループワークをしてもらいました。付箋を貼る台紙は各グループに二枚ずつ配り、一枚には、先生や学校に変わって欲しいこと、もう一枚には自分たち自身が変えようと思うことを書いた付箋を貼ってもらうことにし、最初に、先生や学校への要望を書き、次に自分にできることを書いてもらいました。先生や学校への要望を先にしたのは、まずは、大人全般への不満を吐き出す「ガス抜き」が必要、その後であれば、自分たちができそうなことも考えられると思ったからです。

予想通り、先生方の言動や授業の教え方に対する要望が山のように付箋に書かれていきました。そしてそれが一旦落ち着くと、その次には、自分たちがすべきことがボチボチと書かれ始め、最後はかなりの意見が出てきました（一部抜粋）。

「授業を真面目に聞くようにする」

「休み時間にトイレを済ませておく」

「（授業中）授業以外のことをしないように努力する」

「私語は少なくする」

「注意しあう」
「みんなが授業に集中する」
「一人一人が静かにしたら変われる」
「自分がいけないことをしているということに気づく」
「意見を言うことはいいことなので、丁寧な言葉遣いにする」
「一人一人が意識したら変われる」
「注意する人が増えればいいと思う」
「ルールを決める」
「頑張れる人と頑張れない人でクラス分けをする」

楽しそうに話し合い発表する

一コマ目と同じように、これらの意見は、すべてグループ発表という形で、一人一人に、付箋を読む形で発表してもらいました。ここまで来たところで、それぞれの生徒が自分の考えを語り、意見を伝え合い、互いに理解し合い、素顔で語り始める雰囲気が出てきました。

もちろん、現実にはできないことも含まれていますが、生徒たちは、授業改善のためにいろんなアイデアを出していました。授業を壊している中心の生徒たちまで、真剣な顔つきで、いろんなアイデアを出していたのには驚かされ、事前アンケートでほぼ全員が授業が変わって欲しいと答えていたことが裏付けられた気がしました。

おわかりのように、ここでは、授業のあり方について、先生が生徒たちに頭ごなしに「こうしなさい、ああしなさい」と命令や指示をするのではなく、自分たちで考えて、みんなの前で宣言してもらっています。これは、人前で公言したことは、それを守らなければという自発的な規範意識が生じる「**コミットメント効果**」を活用したものです。子どものように心の素直な年齢では、特に高い効果があります。

来週の職場体験で気をつけようと思うこと――中二の決意宣言

通常は、WYSH教育では必ず、一部に、将来のことを考える部分を入れます。しかし、このクラスの場合、「遠い」将来の夢や希望では、今回、せっかく考えた、「現在、自分たちにクラスの授業の状況を改善するために何ができるか」という部分とのつながりが悪いと思われたため、たまたま翌週に予定されていた職場体験というごくごく近い将来のことを考えて、それに対する自分たちの決意・意気込みを付箋に書いてもらうことにしました。

この部分も当初の私の予想に反して、気をつけるべきことに対して、みごとなアイデアが次々に出てきました（一部抜粋）。

「会社の人の説明をしっかり聞く」

「わからないところは、勝手に判断しないで、必ず会社の人に尋ねる」

「どんな雑用でも、怠けないでやる」

「辛くても、最後まで続ける」

「服装をきちんとする」

「挨拶をきちんとする」

「敬語を使う」

「笑顔で動く」

「私語はしない」

「疲れても、疲れている様子を見せない」など、など。


驚きの発言ばかりでした。私は感動して涙が出そうでした。もちろん、口先だけならなんとでも言えると思う方もいらっしゃると思いますので、その翌週の職場研修の様子を、後日、Ｏ中学校の先生に電話でお聞きしました。その結果は、先生方にも驚きだったようで、

「信じられん。」

「あん子たちが、あがん（＝あのように）素晴らしか態度で職場体験できるなんて……。」

「しかも学年の全員が、職場体験に出かけたとに、三組の生徒（ＷＹＳＨ教育を受けた生徒）が一番褒められちょったよ。」

「職場の人から感謝までされたさあ。」

さらに、普段は授業妨害をしている生徒たちさえ、まったく別人のように、「一日の立ち仕事でも、嫌な顔一つ見せず、最後まで元気に笑顔で頑張っていましたよ。」という嬉しい驚きの報告を受けました。授業崩壊していたこのクラスの子たちには、実は大きな可能性があると心から思った瞬間でした。

エピローグ――メッセージビデオ

ＷＹＳＨ教育では、最後に教員の側からの心からのメッセージを送ることにしています。今回の特別授業の最後には、この学校の生徒以上に荒れた経験のある高校生からのメッセージビデオを流すことにしました。思春期の子どもはその発達段階の特徴として、大人からの頭ごなしの説教じみた話にはかえって反発する傾向があります（これを、「リアクタンス」と言います）。これに対し、同じもしくは近い年齢の若者（ピア）からのメッセージは比較的素直に受け入れる傾向があります（ピア効果、ロールモデル効果）。そこで、一度、いえ何度も失敗したことのある高校生（私が実際にＷＹＳＨ授業をした高校生たち）に頼んで、先輩だからこそ言える貴重なメッセージを、Ｏ中学校の生徒に送ってもらうことにしたのです。高校生が真剣な顔で訴えかけるこのメッセージビデオには、どの生徒もとても真剣な表情で水を打ったように静かに聞き入っていました。

〈高校生からのメッセージ〉（一部抜粋）

・「つらいから逃げるのではなく、逃げるからつらい。」
・「中学で一人だったとしても、高校で新しい友だちを作ればいい。」（中学時代いじめられた経験を持つ高校生より）
・「いやなこととか後回しにしてたら、いずれすごい大きなことになって自分に返ってくるので、いやなことでも、少し本気になって前へ前へと進んでほしいと思います。」
・「中学では自分が一生懸命になれることを見つける。本当に自分がやりたいことはせー一杯がんばる。ちゃんと生きろ！」
・「中二であたる壁は、自分もあったけど、すごく大変で、でも、でもまあたぶん、それは死なないことだし、『死ぬこと以外かすり傷』。生きていれば絶対いいことあるし、大丈夫だと思うし、楽しいことは絶対あるし、頑張れば絶対報われると思う。」（自傷行為を繰り返しそれを変えようとしている高校生）

家庭や学校で壮絶な経験をした子たちにしかわからない、口先だけのきれいごとでない、本音の言葉です。このメッセージはある授業崩壊を起こしていた高校で、事前面接の一番最後、面接の中で自分たちをかなり見つめた後に、生徒に依頼して、自分の中学時代や今を振り返って、今壁に当たっている中学生に何かメッセージを送ってほしいと言って、頼んだメッセージです。その内容は、中学生に向けて言っている言葉でもあり、今の自分へ向けて言っている言葉でもあるような重い言葉でした。
実際、生徒たちの聴き入る様子からは、しっかりそのメッセージが伝わったように見えました。

感想文の記入

WYSH教育では、いつも授業の最後に、生徒全員に、下記の内容についての感想を書いてもらいます。授業前には想像もできなかった色々な前向きの感想が書かれていました。（原文のまま）

質問A「今日の授業で一番心に残ったことは何ですか？」
質問B「今日の授業に参加して、これからあなたはどのように生きていこうと思いますか？」

・授業妨害していた生徒1（女子）
A：自分の反省や、相手の悪いところを見直すことができた。ふだん話さない人と班を作って、たくさん話すことができた。
B：人にまきこまれないように、一つ一つの授業をきちんと受ける。人に流されないようにする。

・授業妨害していた生徒2（女子）
A：先生たちにもとめていたことが、自分たちはできていなかったこと。自分だけでなく、他の友だちもなやみがたくさんあったこと。

B：まわりにながされないようにまじめに生きていこうと思いました。先生の気持ちもしっかり考えていきたい。自分もなおすところはしっかりなおしたいです。

・授業妨害をしていた生徒3（女子）

A：自分の考えをふせんにかいて、ペタペタはった。人のいけんもきいて、協力していろんないけんがでた。

B：今を大切にする。

・授業妨害していた生徒4（男子）

A：今を大事にしろ！

B：人を大事に、今を大事に、勉強を大事にする‼

・授業妨害していた生徒5（男子）

A：最後の高校生からのメッセージが一番心に残りました。

B：一つでも、後悔しないように、将来のことを考えながら生きる‼

・授業妨害していた生徒6（男子）

A：高校生の言葉が一番こころに残った。

B：何事にも全力でがんばり、いろんなことに挑戦していきたいと思った。

・授業妨害していた生徒7（男子）

A：高校生からのメッセージを聞いて、つらいことでもがんばろうと思った。
B：まず、今はとりあえずがんばって、自分で、後で、くるしまないようにがんばる。
・以前授業を妨害していたグループから抜けようとしていた生徒（女子）
A：高校生が言った言葉がすごく心に残りました。〝死ぬこと以外はかすり傷〟〝楽しいことは絶対あるから〟という言葉が一番心に残りました。これからは私も変わりたいです。
B：〝嫌いな人のために自分は変えなくていい〟という言葉を聞いて、そうだと思いました。私は私らしく生きていきたいです。周りの人のことは、これからだってどうにかなるから、もっと自分らしく生きたい。
・いじめを受けていた生徒（男子）
A：最後のメッセージビデオ。
B：毎日、授業をまじめに受ける。
・不登校傾向の見られた生徒（女子）
A：高校生が中学生に向けてのメッセージの映像が心に残りました。
B：人に流されないで、イヤなことはイヤと言えるように生きていこうと思いました。
・授業中の騒がしさをひたすら我慢していた生徒1（女子）
A：最後のメッセージビデオもこころに残った。同じグループの人と話し合えたこと。たくさんの意見が聞けたのでいい経験になった。

Ｂ：つらいことがあってもざせつせず、しっかり生きていこうと思った。高校生からの言葉が、どれも心に刺さって、どの言葉も心に残りました。

・授業中の騒がしさをひたすら我慢していた生徒２（男子）

Ａ：一番最後に見た高校生の先輩からのメッセージが一番心に残りました。自分の経験を教えてくれて、とてもためになるメッセージで、自信が少しつきました。

Ｂ：もっと、友だちを大切にして、友だちからも大切にされる存在になれたらと思いました。

・授業中の騒がしさをひたすら我慢していた生徒３（女子）

Ａ：グループで意見を出し合ったりしたところが心に残りました。

Ｂ：周りに流されずに生きていく。

・授業中の騒がしさをひたすら我慢していた生徒４（女子）

Ａ：班で話し合って発表したことが心に残った。キレたりしたときの改善法や、授業に集中できる方法などをこれから使っていきたいと思いました。最後の動画も心に残りました。

Ｂ：これからは、今の自分を見直して、今日、班で出した意見を使って生きていこうと思いました。これからの人生は長いけど、最後の動画を見て、今、頑張ればきっと楽しいことがあるんだろうなと思いました。

・このクラスが大嫌いでずっと転校したいと思っていた生徒（女子）

Ａ：最後の高校生からのメッセージが私に言っているような感じだったので、心にすごく残りました。

B：夢や目標に向かって、嫌なことがあっても、そこで心を折らずに頑張って夢をかなえたい。

・友だちに引きずられて時に一緒に騒いでいた生徒1（女子）

A：〝つらいから逃げるのでなく、逃げるからつらい〟。私は、今まで色んなことから逃げていたので、（高校生の言葉が）心にひびきました。〝嫌いな人のために自分を変えるな〟私は嫌いな人のために自分を変えていたので、心に刺さりました。

B：今まで以上に授業に集中したいと思いました。そして自分を変えずにまっすぐ生きていきたいと思いました。

・友だちに引きずられて時に一緒に騒いでいた生徒2（男子）

A：〝嫌いなことでも本気でぶつかれ〟という言葉に、とても感動しました。高校生のみなさんからのメッセージはどれも心に残りました。

B：自分に正直に。そして自分を曲げずに生きていきたいです。

・友だちにひきずられて時に一緒に騒いでいた生徒3（女子）

A：高校生からのメッセージで〝嫌いな人に自分を合わせなくていい〟という言葉に心打たれました。

B：もう少し、気を楽にして、友だちには本音をきちんと言おうと思いました。

・とても成績はよいが、騒ぐ生徒を注意したりはしなかった生徒（男子）

Ａ：高校生からのメッセージが心に残りました。

Ｂ：人に合わせるのでなくて、自分を貫き通すということをしていきたいと思いました。

以上が、授業後の感想文の一部です。クラスの中での立場や授業への態度が違っていても、それぞれの生徒が、この授業の内容をそれぞれに自分のこととして捉えている様子が感じられます。授業の中で、友だちの意見が聞けたこと、みんなの前で発表できたことなどが嬉しそうに書かれているのを見ると、生徒同士で真面目に意見交換をする機会がこれまでなかったのだということが見えてきます。もともと授業自体が無理と思われたクラスで、最後に、こんな感想文が出てくるなんて、ここまでできるなんて、想像さえできませんでした。

＊

こうして、Ｏ中学校の最初の授業が終わりました。これまで、まったく授業が成り立っていなかったクラスなので、生徒が一体どんな反応を見せるかがまったく予想できず、不安だらけの挑戦でした。私が「最低ライン」として望んだことは、外部講師である私や、授業を見に来てくれている地元の人々（その地域の元ＰＴＡ会長や役員さんなど、その学校の状況を案じて参加してくれた人たち）の前で、一回でいいから思い切り見栄を張って、いいかっこして、授業態度がいいところを見せてくれたらということでした。

なぜかというと、小学校の頃から授業崩壊を繰り返してきた彼らですから、叱られたことはあっても、褒められた経験は極めて稀、いやほぼ皆無でしょう。そんな彼らを思い切り褒めて、自信をつけてもらいたいと思っていたからです。

ですから、授業中、座っていられたら○、暴言がなければ○、私語がなければ○、さらにグループで自分の意見が言えたら○、他の人の意見も聞けたら◎、それをみんなの前で発表できたらもう「花◎」という気持ちでした。こうしてこの最初の授業は私の中では「花◎」で終わりました。

2 特別授業以外の関わり

最初の訪問のとき、長く面接をし、距離が近づいたと思ったのに、授業参加のときには、そばにいるのに無情にも無視されてしまった（距離が元に戻ってしまった）ことを書きましたが、その経験から、いくら特別授業で、こちらとしては親しくなったつもりでも、特別授業は特別な時間ですから、生徒にとっては、私はたいして近い存在にはなってはいないだろうなあと思いました。そう簡単ではないはずです。ではどのようにすれば、生徒との心の距離を近づけ、生徒に寄り添いながら、状況をいい方向に変えていけるのだろうかと考えました。外部の人間だから、たまにしか会えないから、無理だとあきらめるのでなく、とにかく一週間いるのだから、その間に、生徒との接触機会を増やすために、いろんなことをしようと思いました。何でも挑戦です！

一週間、空き時間をすべて使って、生徒と様々な関わりをしました。そのメニューは……

①「何でも相談室」を生徒と一緒に作る
②「何でも相談」（面接）の実施
③学内環境の改善
・廊下の壁、階段、階段壁の有効活用
・トイレ掃除
④授業外指導（補習）の可能性の検討のための探索的観察

（1）「何でも相談室」を生徒と一緒に作る！

前に書いたように（第1章）、この学校には、校内に空いた部屋がなかったため、面接は、わざわざ近所の公的な会議室を借りて実施しました。しかし、それでは生徒は普段相談したいことがあっても、気軽に相談をすることができません。面接をした結果からは、生徒は、もっと日常的に大人に話を聴いてもらいたがっていることが明らかでした。そのための空間がどうしても必要だと思いました。カウンセリングルームのような空間はないだろうか？　いろんな先生に相談して適切な部屋はないか色々と探しました。その結果、二年生がいる校舎の三階の古い教室が体育の際の女子生徒の更衣室に使われており、その部屋の一部を仕切れば使ってもよいという許可をいただきました。それではということで早速、生徒にも手伝ってもらって作業に取り掛かることにしました。

生徒への誘い——掃除と飾り付け

まず、「みなさんと話せる場所として「WYSH何でも相談室」を学校内に作ろうと思うので、生徒のみなさんで、手伝ってもいい人は集まってください。」という誘いを生徒にしました。更衣室に使われていると言っても、「WYSH何でも相談室」とするためには、その古い教室の掃除から始めなければなりません。箒でゴミを片付け、モップがけをし、使う予定のテーブルの表面を拭いたり、まずは清潔な空間を作ることが必要です。作業を始めていると、三—四人の生徒が好奇心からなのか見に来ました。

「一緒に手伝ってくれる?」と言うと、手伝いはじめてくれました。初めは、積極的に手伝う子と、誘われて、何となく、手伝っている子と様々でしたが、でもだんだん熱が入ってきて、途中からは全員が一生懸命掃除してくれました。掃除が終わり、その空間をパーテーションで仕切ると、それなりの「相談室」っぽい空間ができました。でも、まだまだ、このままでは殺風景です。もっと、温かい雰囲気にならないかと、養護の先生が、何かで使った飾りもの（造花や、壁掛け、きれいなリボン等）を持ってきてくださって、その中から、生徒に選んでもらい、自分たちがきれいだと思うような飾り付けをしてもらいました。

手伝ってくれた生徒の中には、クラスの中でいつもいじめられていた生徒もいました。どうなるかなと少し心配でしたが、作業に熱中し始めると、普段の人間関係には関係なく、一緒にリボンの両端を持って高さを合わせたり、どこに壁掛けを置きたいかを女子が決め、その位置に男子が飾りをつり下げるなど、ごくごく自然な流れで全員一緒に力を合わせていました。こうして普段は友だちとして行動していない生徒同士や私との人間関係も、この「協働作業」を通して、理屈でなく自然になめらかなものになっていきました。

作業の間は、こちらからも何度も感謝の気持ちを伝えました。生徒は自分たちで作った達成感と、褒められたことによる心地よさと、「承認された（認められた）」ことへの喜びからか、上気したとても嬉しそうな表情で教室に帰っていきました。私は、その後ろ姿に向かって、「この部屋、使いにきてね！」と声をかけたら、生徒たちは、「はーい。」と答えながら、明るく元気に走り去っていきました。

できあがった「何でも相談室」

(2) 「何でも相談」の実施

この相談室を使って、昼休みや放課後の空き時間を使っての、常設の「何でも相談」を開始しました。ここでも、以前の面接と同じように、フォーカスグループインタビューの手法を用いました。

一応予約制で始めましたが、私がいる期間中、相談室作りに協力してくれた生徒たちを含めて、数組の生徒がやってきました。相談室を一緒に作った生徒たちは、自分たちが工夫した飾りつけにとても満足そうでした。そのほか、相談がないのに、ただ雑談にやってくる生徒たちがいたり、腹が立ったことを言いに来るだけの生徒たちもいました。でも恐らく初めての経験だったのでしょう。どの子もとても嬉しそうでした。生徒たちが作ったこの空間を今後、この学校の先生方が、生徒と交流する場（叱る場所とは違う憩いの場）として使ってくれるといいなあと願いました（残念ながらそうはなりませんでしたが……）。

（3）学校内環境の改善

さて、生徒が毎日の時間の中で、睡眠時間を除くと、最も長い時間を過ごすのが学校です。校内での生活にとって、学校内の環境は非常に大切です。別に新築の校舎である必要はありませんが、少なくとも校内が清潔で整理整頓されていることが第一の基本だと思います。これまでの私の経験からですが、落ち着いていない学校、荒れている学校は、その荒れが、学校の外見にも表れます。掃除がおざなりになっている、掲示物が破れている、古いままで張り方も秩序がないなど、生徒の荒れは、先生の心の余裕を失わせ、それが全部、学校環境として外に出てしまいます。

では、この学校の場合は、どうだったでしょうか？　校内を丁寧に見てまわりました。この学校と同じように、古い学校は全国どこにもありますが、この学校の場合は、古さには関係のない、殺伐とした雰囲気でした。廊下の隅や階段の隅には埃がたまり、壁のペンキは剥がれ落ち、以前の掲示物のテープの跡なのか、あちこちの塗料が剥がれ、「これでは心もすさむだろうな」と思わずにはいられない、胸が痛くなるような寒々とした光景でした。これでは、この学校に学ぶ生徒の「自尊感」さえ損なわれると思いました。

ペンキ塗りは挫折！

最初、壁のペンキ塗りを私たちと生徒で（あるいは保護者を巻き込んで）しようかと思い、校長先生に相談しました。しかし、校内の内壁のペンキ塗装となると、天井はかなり高く、また階段部分などは、特別な装置を使わないと塗れそうにありません。校長先生から、壁のペンキ塗装は、前年度からの予定になく、予算がないので、すぐには無理だとのこと、勝手にペンキを持ち込んで塗るのもやめて欲しいとのことでした。

そこで、じゃあ、この心がすさむような壁を隠す方法を考えようと思いました。

「ながら勉強黒板」の設置！

階段や廊下の壁は、生徒が一日に何度も通り、毎日目に触れる大切な空間です。色々と考えをめぐらすうちに、汚い壁を隠すというネガティブな発想ではなく、何かポジティブな発想で、生徒が通るたびに「ながら勉強」ができるようにしよう！というアイデアが涌いてきました。そこで、使えるものを探していると、学年職員室の隅っこに、使われていない小さく薄い黒板風の板を見つけました。

「あのー、これ使ってもいいですか？　授業で使うものでしょうか？」

と尋ねると、

「もう何年間も誰も使っていないと思いますよ。どうぞ使ってください。」

という答えでした。とりあえず、材料ゲットです。この横長の薄い黒板風の板（一〇×六〇センチメートルくらい）を廊下や階段の壁に張ることにしました。数がたくさんありましたので、あちこちに張らせていただきました。

一つの黒板には、「●月●日の英語ダイアリー」として、一文だけの短い英文を書きました。生徒の日常を表現したような文章で、生徒が親近感を持てるようにし、私たちの滞在中は毎日その文章を書き換えました。英文は、中学生の力でわかるような内容です。

もともと、とても殺風景だった壁ですので、生徒たちはすぐに廊下の掲示物に興味を示しました。生徒の様子を観察していると、書かれている英文を読もうと頑張っています。声に出して読んでいますが、読めない単語もあります。また読めても意味がわからない文章もあるようです。近くの先生を呼び止めて、質問を始めました。叱られること以外の生徒と先生の一つの形の交流がはじまりました。生徒たちが、その日言っていたことなどを基に、英文を作りましたので、生徒は意味がわかると自分の言ったことが掲示物になったとわかり、何だか嬉しそうな顔をしています。

小さな工夫でしたが、生徒たちの表情が変わったのがよくわかりました。そこで、私たちが、O中学校を去る日には、先生方に、

「この黒板に何か書いてくださいね。」

「英文でもいいですし、今日のワンポイントアドバイスのようなものでも、どんな科目でもどのような話題でもいいので活用していただけると嬉しいです。」

とお願いしました。そして、生徒たちにも、

「自分たちで英語の文章を書いてもいいよ。そして先生に添削してもらったらいいよ。」

と言って帰りました。


実際、その後先生方も率先して続けてくださり、私たちが、その二か月後に再びO中学校を訪れたときには、黒板に英文が書かれており、さらに嬉しいことには、階段の一段一段に一月から一二月の英語名が記されたきれいなイラスト入りの掲示物や理科のワンポイント知識、そして生徒の学習ノートの工夫などが壁に張られていたりと、あの殺風景だった汚い壁が見えなくなるほど、いろんな工夫のある掲示物で一杯になっていました。

トイレ掃除大作戦！

次に、気になっていたのは〝トイレ〟でした。どのような経緯でそうなったのか不明ですが（生徒指導上の問題がありこのような構造になったという先生もいましたが、本当にところは誰も知らない

という状況でした）、この学校のトイレには、男子用も女子用も、廊下に面した出入り口のところにドアがなく（もちろん個室にはドアがありますが）、トイレの中の様子が丸見えです。しかもドアがないため、トイレの悪臭が教室にまで流れてきます。そしてトイレの中はと言えば、どうしてここまで放っておかれたのだろうと思うほど、洗面所もカビと長年の水垢とがこびりついて、すさまじい状況です。さらに、掃除用具を洗う深めのシンクには、いつ使ったかもわからないような古いホースがとぐろを巻いていて、シンクの途中まではられた水は腐ってどぶ色で腐敗臭を放っています。もう、これはどうにかしなければと思いました。これは生徒と一緒にというよりも、私たちがどうにかしなければと思い、まず、この凄まじいトイレに対して、何をすべきか考えました。そして目標は次の三つとしました。

①入り口に目隠し
②トイレの掃除道具入れの設置と掃除道具の整理整頓
③徹底したトイレ掃除

廊下に面した、トイレの出入り口にドアをつけるような工事はさすがに私たちにはできません。そこで、そこまでしなくても、少しだけでもプライバシーが保てるような工夫はできないかと考え、可愛いカフェカーテンをつけてみてはというアイデアにたどり着きました。これなら、突っ張り棒を使えば、校舎に穴を開ける必要もなく簡単に取り付けられ、またいつでも取り外しできます。

早速、近くのショッピングセンターに行き、男子用と女子用にそれぞれ色違いのかわいいカフェカーテンを見つけました。

トイレの掃除道具入れは、動かしやすいものをと、同じショッピングセンターで安い白のカラーボックスを二個買い求めました。

いよいよ、「徹底トイレ掃除大作戦」の開始です。とぐろを巻いているホースを撤去しそこに溜まったどぶ水を流さなければなりませんが、排水溝が詰まっていて、なかなか流れません。濁って見えない排水溝に手を突っ込んで悪戦苦闘していると、休み時間になって、生徒たちが見にやって来ました。

生徒「木原先生、何しとると?」

私　「みんなが気持ちよくトイレを使えたらいいなあと思ってね。」

生徒「先生、手荒れるよ。手の冷たかろ?」

私　「先生の手の皮は厚いから、大丈夫だよ。それに掃除好きだし。」

生徒「うちらも、手伝うけん。掃除めっちゃ好きだし。」

驚きました。生徒たちが自発的に掃除をすると言い始めたのです。

生徒「どこ掃除すればよか?　スポンジはどれ使ったらよか?」

生徒に特殊スポンジ（メラミンスポンジ）を配って、表面を磨いて欲しいところを指示しました。

一人、また一人と参加する生徒が増え、生徒たちは一生懸命にトイレの壁や洗面所をこすってい

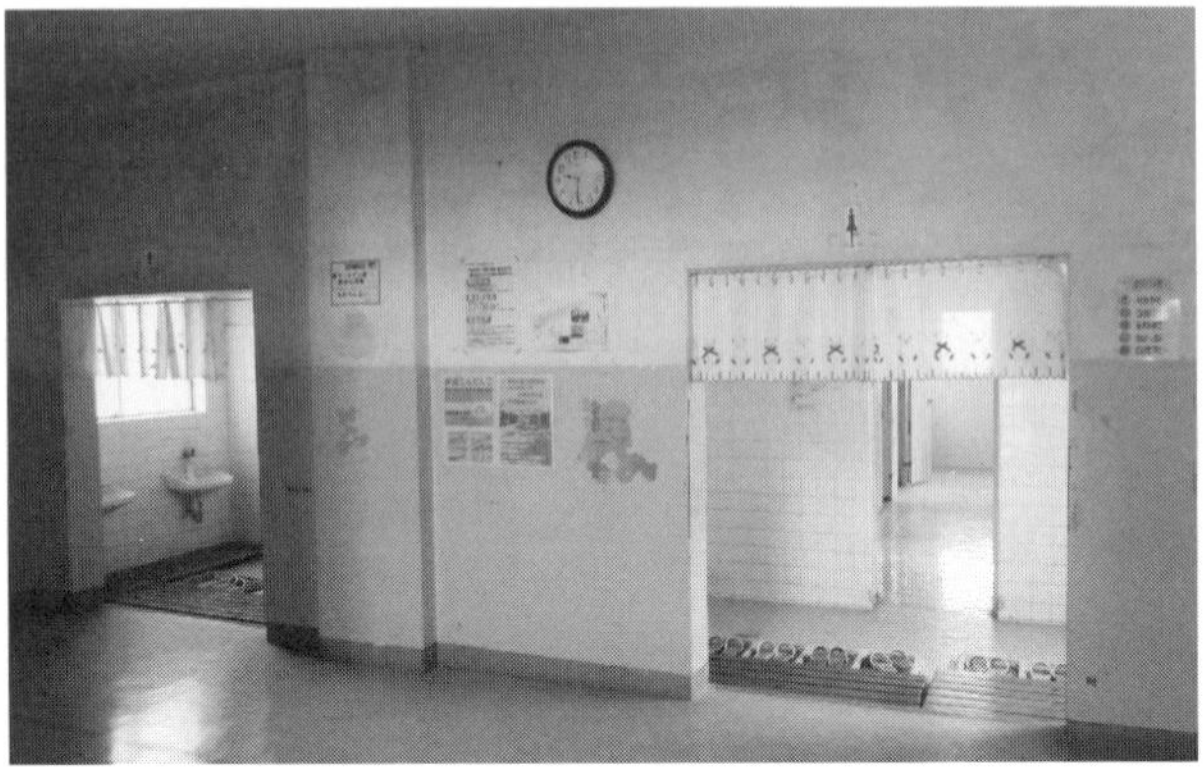

きれいになったトイレ

ます。

そのときに、とてもかわいかったのは、ある生徒が制服の袖をまくりあげるのを私に手伝って欲しいというのです。一人の袖を濡れないようにたくしあげて、「はい。これでよし。しっかりお掃除してね！」と声をかけたら本当に幼子のような満面の笑みです。一人目が終わったら、次の生徒も次の生徒もと袖をあげるのを待っているのです。私よりもはるかに大きな身体で、両腕をにょきっと突き出して、無邪気に待っています。一人一人の生徒の袖をたくしあげると、まるで、ちっちゃい子どものように素直なあどけない表情で掃除に没頭していきます。この生徒たちが、いつもは授業を妨害していたなんて、まったく信じられませんでした。

思いがけず、トイレ掃除も生徒との共同作業になり、最後にはトイレの壁も洗面所もピカピカになり、トイレ掃除道具は新しい白いカラーボックスの中に整然と収納され、あのどぶ水のたまっていた道具洗い用のシンクも無事排水溝の詰まりを取り除き、見事に清潔な空間となりました。そして、すべての掃除が終わった最後の最後に例の可愛い短いカフェカーテンをつけて、この「トイレ掃除大作戦」の終了です。可愛いカフェカーテンで仕切られたトイレが誕生したときには、生徒たちから歓声と拍手が起こりました。

「褒めるコミュニケーション」大作戦！

さて、「何でも相談室」も設置し、「学校の環境整備」も一応終わり、「環境」の方は少し改善できましたので、いよいよ本質である、生徒たちとのコミュニケーション、それもポジティブな「褒めるコミュニケーション」の機会を増やすにはどうしたらいいだろうかと考えました。以前関わったT中学校では、朝、昼休み、放課後の補習の時間に先生と生徒が授業ではできない角度からの密度の高い時間を共有していました。

しかし、O中学校では同じようなことは期待できそうにありませんでした。まず、O中学校は、T中学校のように生徒の生活態度が落ち着いた状況ではありません。先生方は日々勃発する生徒指導に追われ、とても補習授業を学年一斉に行える状況ではありませんでした。もちろん、中には、定期的ではなく、希望者だけに補習をしたり、何らかの形で宿題を出して添削をするということはしておられる先生もいましたが。

では、私にはこの学校で何ができるだろうかと考えこんでいたら、たまたま、今回のO中学校訪問中に、職場体験の事前準備で、個々の生徒が職場に行き、早く戻った生徒は自習をするという時間があることがわかりました。そこで、とりあえず、私たちは生徒のこの自習時間につきあってみることにしました。自習時間に生徒は何をしているのか。そもそも授業が成立していないクラスです。自習時間には、立ち歩いて、勝手におしゃべりをしているのでしょうか？

生徒が職場の事前訪問から帰ってくる時間は、一人一人異なっていましたので、ポツリポツリと帰ってきました。教室に帰ってきた生徒は、騒ぎ始めるのかと思ったら、なんと机の中から、「宅習ノート」というものを取り出して、自宅に帰ってから行う学習をはじめたではありませんか。びっくりです。私は「この子たち、勉強するんだ。」という意外な驚きと、ちゃんと勉強できているんだろうかとその中味が気になりました。

そこで、自習をはじめた生徒の前の席に座り、何をしているのか尋ねて、「手伝って欲しい。」とは言われませんでしたが、一緒に手伝うことにしました。何かを書き写している生徒に対しては、何を書き写しているのかを尋ねて、書き写している作業が、単なる模写にならないように、横で意味を説明しました。すると、生徒が急に顔をあげて、こう言ったのです。

「へー、そうなんだ!!」

すごーく、嬉しそうな表情です。その生徒が他の生徒も呼び寄せます。

「こっちにこんね。一緒に木原先生に習わん？　わかりやすかよお。すごかけん。」

そう言って、クラスの数人を招き入れ、ついには廊下を歩いている他のクラスの生徒まで呼び込んでいます。

「おもしろかけん。こんね。楽しかよお。」

この予想外の展開に、私たちはとても驚きました。授業崩壊している学級の生徒たちなので、勉強が嫌いなのかなと思っていたのですが、一人一人に接するとどうも様子が違います。

「毎日、こがんふうに教えてもらえたら、よかねえ。」

生徒たちは勉強したいんだ。教えて欲しいんだと思いました。そこで、どのようなことを、どれくらいの量教えて欲しいのか、調べることにしました。とりあえず、放課後、早速、近くの本屋に行き、分量が少なく、中一程度の学力でもできそうな英語の練習問題集を購入しました。そして、翌日の自習時間に、その練習問題のプリントを配って、その問題集の回答のしかたを生徒の傍らで説明することにしました。問いの数は五―六問ですので、たいした時間はかかりません。

一枚目が終わって、「次もやる?」と聞くと、大きくうなずきます。

「じゃあ、自分たちで解いてみて、それを先生のとこに持ってきて、丸をつけながら説明するから。まったくわからない人は、まったくわからないって言いに来て。他のことをしたい人は自分がしたいことしていいから。」

と言いました。

生徒たちは、一生懸命プリントの問題に答えはじめました。英語がまったくわからない子は、何も手をつけていないプリントを持って、私のところにやってきます。その生徒たちの様子があ

まりにもかわいいので、

「すごいね。プリントしようとしてるんだ。」

「おいで。一緒に一つずつ解いていこう！」

生徒たちは、懸命に私の説明を聞いて、書き込んでいきます。

「わーーー。できた。できた。」

と私が喜ぶと、生徒は他の生徒にその答案を自慢げに見せています。

「成績が上がったら、ママが喜ぶけん。」

と嬉しそうです。

もしかしたら、こんな形の大人とのふれあいを生徒は求めていたのではないかと思いました。

しかも、「わからない」とモゾモゾと持ってくる答案は本当に中一の基礎の基礎です（生徒は中二です！）。英語と数学をしましたが、本当に基礎がわかっていないということがわかりました。

そのようなわからない状況では、授業を妨害するというよりも授業が何もわからないので、騒いでいたのかもしれません。

ようやく、こんがらがっていた糸が解け始めてきたような気がしました。実は、生徒たちは勉強したいと思っている、教えてもらいたいと思っている、成績を上げて、大人から褒められたいと思っているのです。本当にびっくりしました。

第4章　添削指導によるミニ補習（プチスタ）
——京都からの関わり

こうして、O中学校で初めて授業してみて、学校に滞在してみて、以下のことがわかりました。

・生徒たちはちゃんと授業を受けることができる。↓　授業のやり方次第。
・生徒は大人が作業をすれば寄ってくる。↓　大人からの働きかけが大事である。
・生徒は本当は勉強をしたいと思っている。↓　教えて欲しいと思っている。
・生徒たちの基礎学力はかなり低い。↓　でも生徒自身は成績を上げたいと思っている。

では、この実態に対して、どうしたらいいのでしょうか？　とても悩みました。生徒たちの学習に対する「喉の渇き」、つまり「勉強したい（教えてもらいたい）」という「渇き」、そして、褒めてもらいたい、認めてもらいたい、見てもらいたいという強い承認欲求の「渇き」です。生徒たちのこの二つの「喉の渇き」を潤すために何ができるのでしょうか？

O中学校の先生方は、毎日勃発する各種の生徒指導問題に忙殺され、時間の余裕がありません。以前のT中学校のように、学年全体の取り組みとして、補習を取り入れるのは無理だと言われました。

外部の人間である私たちが関与する、次のようなステップでの問題解決方法を考えてみました。
・私たちが、生徒たちの「喉の渇き」を潤すお手伝いをする。
・「喉の渇き」をある程度潤すことによって、生徒の気持ちを落ち着かせる。
・生徒の気持ちが落ち着けば、生徒指導上の問題が減り、先生方に余裕ができる。
・先生方にバトンタッチする。

理屈だけ考えるのは簡単ですが、いざそれを実践するとなると簡単ではありません。何をどう実践するか、具体的に決めなくてはなりません。

【第201日目】

1 そうだ、プチスタ（ミニ補習）にしよう！
——一一月二九日

ここで可能性として思いついたのは、遠隔による「ミニ補習」でした。今回の訪問の最後に、試験的に実施した「ミニ補習」、これを「プチスタ」と名付けてやってみようと思いました。しかし、この時点で、もう一一月の半ばでした。二学期が終わるまであと少ししか残っていません。三学期は短くあっという間に終わってしまいます。急がなければと思いました。このプチスタを現実化するために、急いで行動を起こしました。

プチスタには、四つの目的を持たせました。

①生徒に毎日関わる→承認欲求の充足
②生徒を褒める機会を作る→承認欲求の充足→自尊感をあげる
③見守られながら学習習慣をつける→やる気のアップ
④できれば基礎学力をつける

さて、このプチスタの対象となる生徒たちですが、これまで、家庭でも、学校でも学習習慣のない生徒たちがほとんどです。しかも基礎学力はほぼゼロに近い状況にありました。科目については、Ｏ中学校の先生方から、県平均と比べて最も点数の悪い英語にして欲しいという要望がありました。県平均よりも二〇点近くも低いとのことでした。

こうして、科目は英語に絞ることとしました。では、どんなものにするか、学校での学習習慣もない生徒たちです。補習授業というほど大げさなものに参加するとは思えませんし、京都からの遠隔ではそれは不可能です。そこで、昼休みの五分程度でできる、一枚ものの問題を毎日出し、毎日採点して返すという形で実施することにしました。強制ではなく自由参加です。

生徒が興味と親しみを持ち、なるべく長く続けられるようにするため、以下の点を工夫しました。

・特徴１：毎回、私（木原）の似顔絵つきの、文法に関する数行のワンポイントアドバイスをつける。

・特徴２：アドバイスの後に、それに関連した問いを五―六問。

回答した日：平成＿＿年＿＿月＿＿日　　名前：＿＿＿＿＿＿＿＿＿＿＿＿

のレッスン03　be 動詞（am, are, is）の使い方（1）

★be 動詞と主語の関係

主語のタイプ	例	be 動詞
私	I	am
あなた	You	are
複数（2つ以上）	We、They、その他（例：My dogs）	are
単数（1つ）	He、She、This、That、It、その他（例：　　先生）	is

am は特別！　You は単数でも are

am、are、is のうち、適する形を□に書きましょう。

(1)　　先生は背が高い。
Mr.　　　　□ tall.

(2) あの家は大きい。
That house □ big.

(3) わたしは長崎の出身です。　＊雑談：木原先生は長崎県諫早《いさはや》市の生まれです。
I □ from Nagasaki.

(4) あなたは正しい。
You □ right.

(5) あなたのノートは新しい。
Your notebook □ new.

英語にしましょう。

(1) これは私の自転車です。

＿＿＿＿＿＿＿＿＿＿＿＿＿＿＿＿＿＿＿＿

私の自転車=my bike

(2) 私の母は忙しい。

＿＿＿＿＿＿＿＿＿＿＿＿＿＿＿＿＿＿＿＿

私の母=my mother, 忙しい=busy

(3) 彼女は先生です。

＿＿＿＿＿＿＿＿＿＿＿＿＿＿＿＿＿＿＿＿

Japan Child Foundation
FOUNDED 2000
JAPAN KYOTO

プチスタのプリントの例

（注）　個人情報は削除しています。

・特徴３：固有名詞はすべてＯ中学校に関連するものとする。
・特徴４：点数は一〇〇点以外はつけない。
・特徴５：赤ペンで採点し、必ずコメントを入れる。
・特徴６：コメントは英語に関すること＋日常的話題。
・特徴７：採点の際は、赤で必ず生徒の名前を〇〇君へ〇〇ちゃんへと手書きで書く（→英語の答案を使った生徒との交換日記のようなもの）。

特徴１：私（木原）の似顔絵付きのワンポイントアドバイス

Ｏ中学校の生徒の基礎学力の低さを考えたら、普通に問題のプリントを出すだけでは、答えられない生徒が多い可能性が高いため、問題を解くためのヒントの提供を兼ねて、中一英語の「基礎の基礎英文法」のワンポイントアドバイスを答案の上部に入れることにしました。ただし、説明が長いと読みたくないだろうと考え、量は数行程度にとどめ、またそのアドバイスのところには、私の顔のイラストを付け、親近感が出るようにしました。

特徴２：たった五分！

一回の答案はＡ４用紙一枚とし、上部に数行のワンポイントアドバイスを配置し、その下に五―六問の問題を入れるようにしました。この五―六問という分量は、五分くらいを使って答えられるようにと考えたものです。家庭に持ち帰ったり、放課後の時間にわざわざ時間を作るのは難しいかも知れないと思い、生徒たちが、授業の間の休み時間や昼休み時間中にできるように配慮したものです。また、これは、少しずつなら苦になりにくいという、「**ピーナッツ効果**」と呼ばれる心理的効果をねらったものです。

特徴3：自分の名前が出てくるかも！

普通の英語の教科書や問題集では、登場人物は、たとえば Mr. Brown など、まったく知らない「誰それ？ なにそれ？」という名前や、知らない地名が登場しますが、この問題では、固有名詞はすべて、O中学校の生徒や先生の名前、地名もO中学校の近くの地名にして、生徒により親近感を持ってもらえるようにしました。特に、生徒の名前は全員、しかもその生徒の特徴を捉えたところで登場できるように工夫しました。こうすることによって、プチスタに参加しはじめた生徒たちが、どのレッスンで自分の名前が出てくるんだろうとワクワク感を持って問いに答えられるようになると考えたからです。このように、身近感を持たせて関心を高める手法を「**パーソナライゼーション**」と言います。

特徴4：一〇〇点以外はつけない

プチスタは、生徒の成績を評価するためのものではないので、一〇〇点以外は点数を付けないことにしました。もちろん一〇〇点のときはでーっかい字で一〇〇点、花丸、「大変よく出来ました」のスタンプなど絶賛の嵐にしますが、それ以外は、合っているものは大きな○印をつけて、たとえ一つでも正解したことをはっきりと示します。まったく正解できなくても、「参加できたこと」、「継続できたこと」、「字が丁寧なこと」、「ピリオドやコンマが丁寧に打たれていること」など、「**いいとこ探し**」をして褒めます。

特徴５：赤ペンでコメントを入れる

生徒の答案が送られてきたら、赤いサインペンで、必ず「手書きで」コメントを入れます。手間がかかり面倒ですが、手書きの温もりが伝わり、生徒との距離が近づきます。

特徴６：一粒で二度美味しい！――答案のコメント＋日常会話

答案の添削をするときには、単に正解に○をつけるだけでなく、間違った箇所には、×はつけず、どう間違ったのかを説明し、次回間違えないようにコメントを付けました。

さらに、英語に関するコメント以外に、例えば、今日は学校は楽しかった？　友だちとはうまくいってる？　部活の練習の調子はどう？　などと、何か必ず数行の日常会話も加え、次回の参加を待っていることを伝えました。

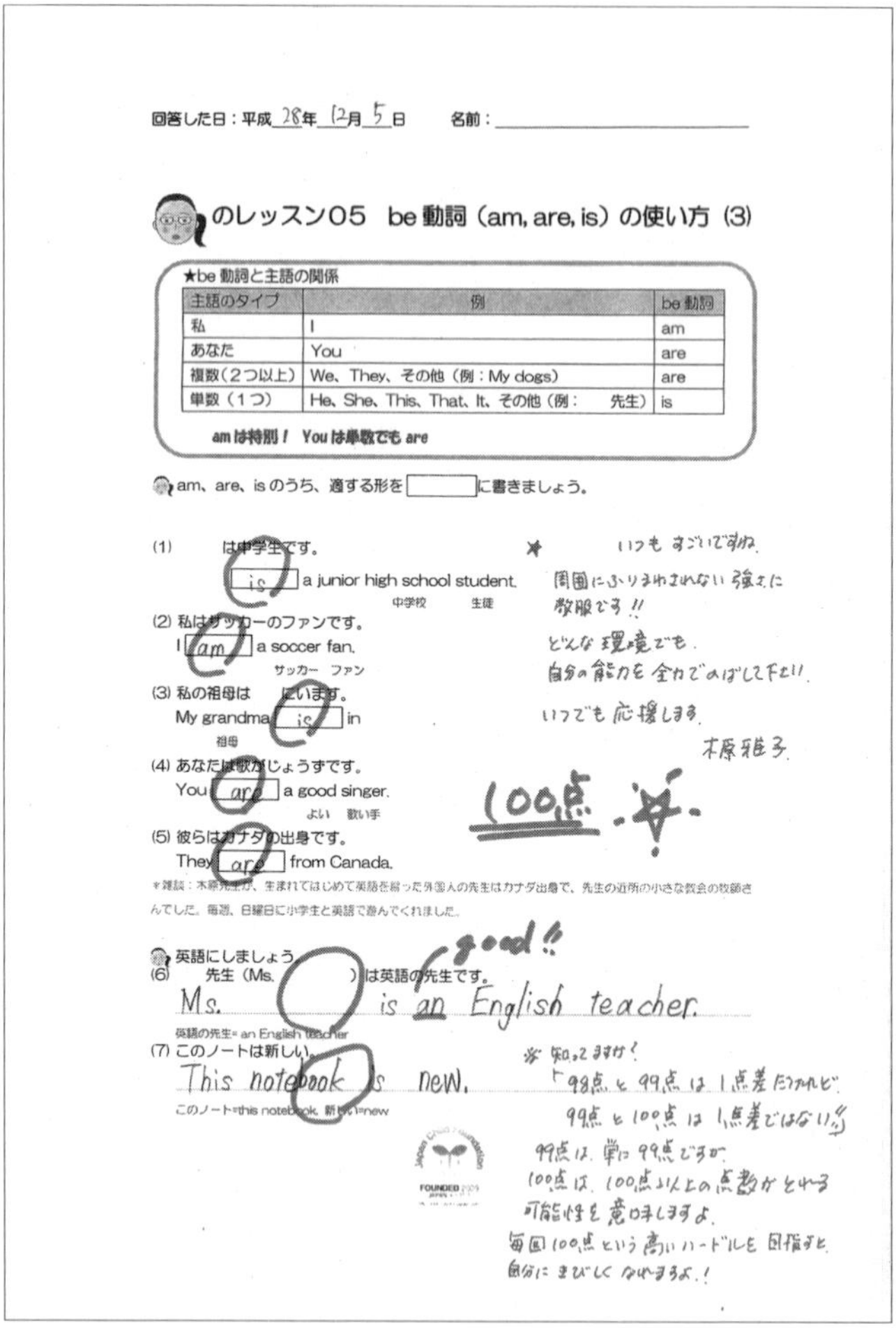
回答した日：平成 28 年 12 月 5 日　　名前：

のレッスン05　be 動詞（am, are, is）の使い方（3）

★be 動詞と主語の関係

主語のタイプ	例	be 動詞
私	I	am
あなた	You	are
複数（2つ以上）	We、They、その他（例：My dogs）	are
単数（1つ）	He、She、This、That、It、その他（例：　先生）	is

am は特別！ You は単数でも are

am、are、is のうち、適する形を □ に書きましょう。

(1) 　は中学生です。
　[is] a junior high school student.
　中学校　生徒

(2) 私はサッカーのファンです。
I [am] a soccer fan.
サッカー　ファン

(3) 私の祖母は　にいます。
My grandma [is] in
祖母

(4) あなたは歌がじょうずです。
You [are] a good singer.
よい　歌い手

(5) 彼らはカナダの出身です。
They [are] from Canada.

＊雑談：木原先生が、生まれてはじめて英語を習った外国人の先生はカナダ出身で、先生の近所の小さな教会の牧師さんでした。毎週、日曜日に小学生と英語で遊んでくれました。

英語にしましょう
(6) 　先生（Ms.　　）は英語の先生です。
Ms. 　is an English teacher.
英語の先生＝an English teacher

(7) このノートは新しい。
This notebook is new.
このノート＝this notebook, 新しい＝new

プチスタの採点例①

（注）個人情報は削除しています。

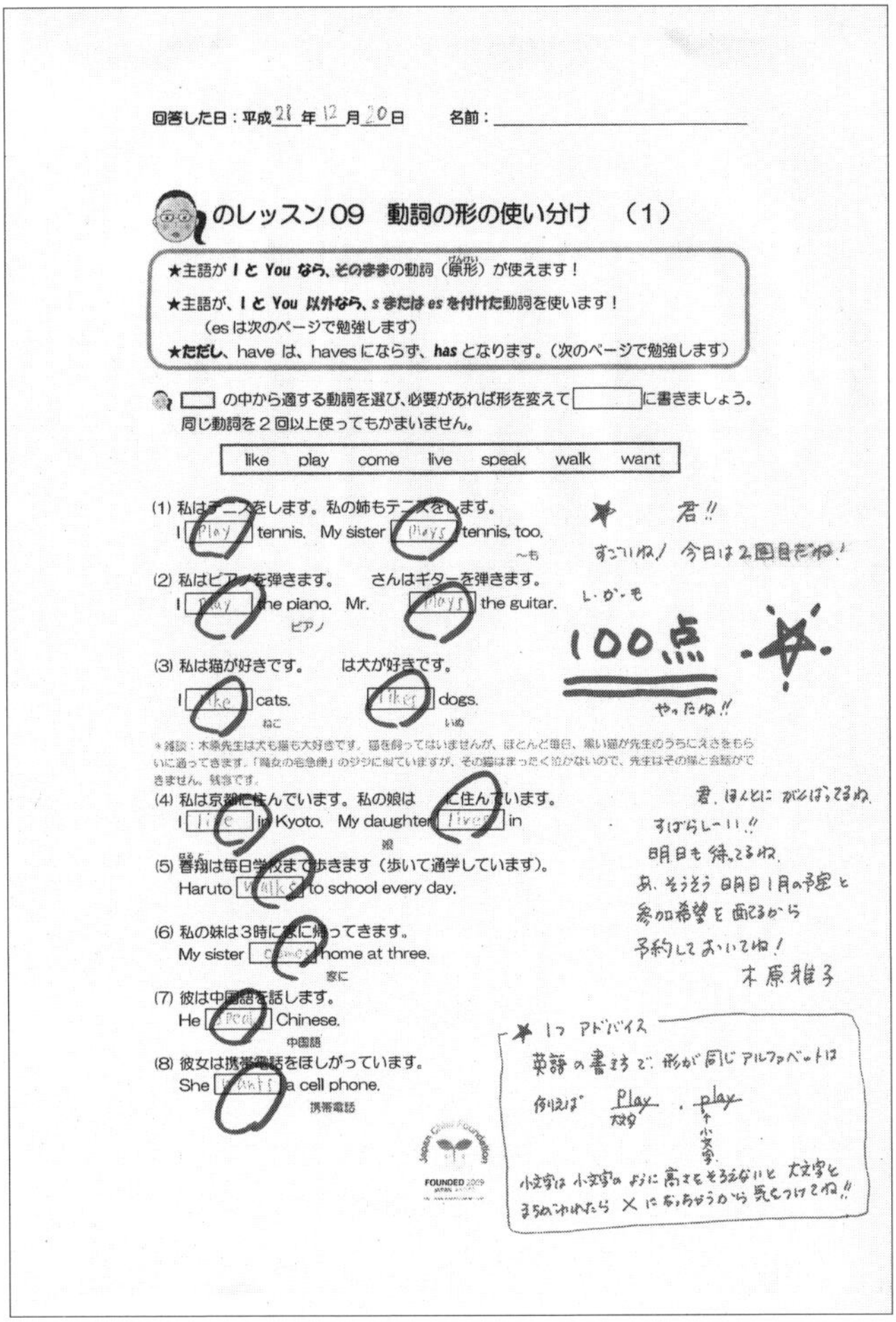

回答した日：平成28年12月20日　　名前：

のレッスン09　動詞の形の使い分け　（1）

★主語が I と You なら、そのままの動詞（原形《げんけい》）が使えます！

★主語が、I と You 以外なら、s または es を付けた動詞を使います！

（es は次のページで勉強します）

★ただし、have は、haves にならず、has となります。（次のページで勉強します）

□ の中から適する動詞を選び、必要があれば形を変えて□に書きましょう。
同じ動詞を２回以上使ってもかまいません。

like	play	come	live	speak	walk	want

(1) 私はテニスをします。私の姉もテニスをします。
I [Play] tennis. My sister [Plays] tennis, too.
～も

(2) 私はピアノを弾きます。　さんはギターを弾きます。
I [Play] the piano. Mr. [Plays] the guitar.
ピアノ

(3) 私は猫が好きです。　は犬が好きです。
I [like] cats.　[likes] dogs.
ねこ　いぬ

＊雑談：木原先生は犬も猫も大好きです。猫を飼ってはいませんが、ほとんど毎日、黒い猫が先生のうちにえさをもらいに通ってきます。「魔女の宅急便」のジジに似ていますが、その猫はまったく泣かないので、先生はその猫と会話ができません。残念です。

(4) 私は京都に住んでいます。私の娘は　に住んでいます。
I [live] in Kyoto. My daughter [lives] in
娘

(5) 陽翔は毎日学校まで歩きます（歩いて通学しています）。
Haruto [Walks] to school every day.

(6) 私の妹は３時に家に帰ってきます。
My sister [comes] home at three.
家に

(7) 彼は中国語を話します。
He [speaks] Chinese.
中国語

(8) 彼女は携帯電話をほしがっています。
She [wants] a cell phone.
携帯電話

プチスタの採点例②

（注）　個人情報は削除しています。

特徴7：先生と生徒の交換日記！――片思いのラブレター

赤ペンでコメントを書くときには、手紙のように、最初に○○君へ、○○ちゃんへとその生徒の名前を記します。するとあら不思議！　答案用紙がその生徒との個人的な通信に変わるのです。そこでさらに日常会話を含めると、その生徒に話しかけているような雰囲気を作り出すことができます。女子の中には、自分の好きな歌手や音楽などを書いてくる子たちが出てきましたが、なかなか男子からは日常会話はでてきません。しかし、答案は提出してきますので、答案提出と採点の返却というプロセスの繰り返しで、いわば交換日記のようなやりとりが生まれてきます。採点済みの赤ペンで埋まった答案が届くと、その中で生徒はいいところをたくさん褒められます。そのプロセスで、少しずつ、自分の心の基盤（自己肯定感）を作っていくことができるのです。

2　プチスタの実際

では、O中学校は京都から飛行機で行かなければならないほど離れているのに、どのようにして答案のやり取りをしたのでしょうか？

まず問題用紙は、中一レベル（初級）、中二レベル（中級）、中三レベル（上級）がそれぞれ五〇枚から構成されていますが、まずは、初級レベルの答案五〇レッスン分を、レッスンごとに廊下の小さな棚に入れてもらいました。参加は強制でなく、生徒の自由参加、間違えたら同じ問題を何度でも解いてもよく、また、一日に何枚解答してもいいようにしました。昼休みなどの休憩時間に回答された答案はＯ中学校のＭ先生が回収し、それをスキャンして、メールで送ってもらいました。私は、それをカラー印刷し、赤ペンで英語へのコメントと「日常会話」を記入して、それをスキャンしてＭ先生に返送し、Ｏ中学校ではそれをカラー印刷して、生徒に返してもらいました。こういう作業を、土日を除く毎日行いました。答案用紙の数が増えたので、知り合いの京都大学医学部の学生さんたちに声をかけたところ、嬉しいことに、何人もの学生が暇を見ては私の教室にきてくれて、お茶菓子だけの報酬で本当に丁寧に熱心に取り組んでくれ、コメント満載の採点をしてくれました。この思いがけない無私の協力には私たちはとても感動しました。こうした学生たちは、きっと将来、患者本位の本当にいいお医者さんになるに違いないと、心温まる思いでした。

3　プチスタへの生徒の反応と対応

プチスタは、最初、私からの生徒たちへの「プチスタはじめませんか?」の呼びかけでスタートしました。最初は物珍しさも手伝ってか、かなりの数の生徒が参加しました。毎日、張り切って参加する生徒もいました。でも、すぐに息切れする生徒もいます。基礎学力がなく、答えられない生徒がまず中断してしまいました。答えられない場合には、名前だけでも書いて、「わから

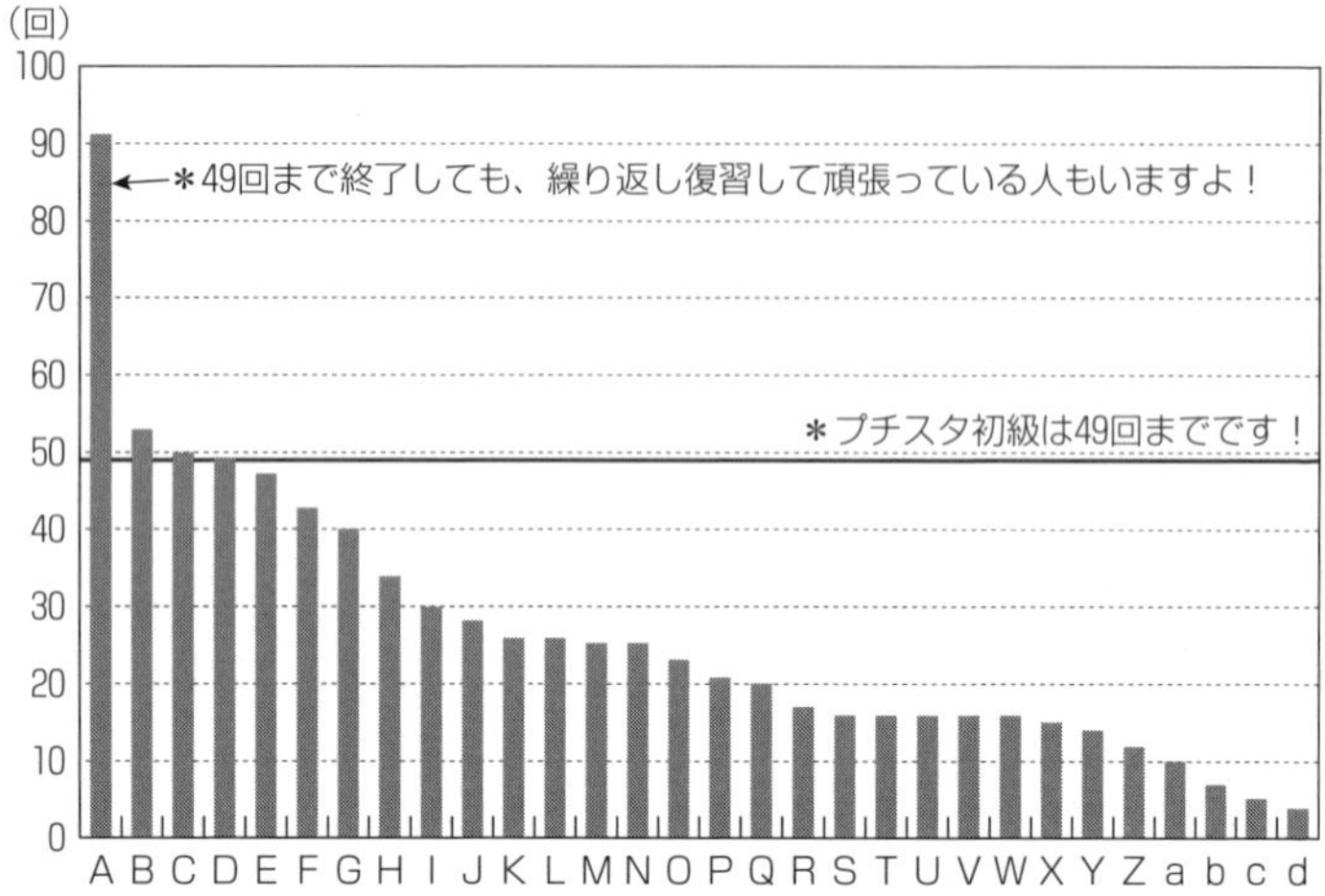

図１　プチスタ（初級レベル）の参加状況（３月２日現在）

（注）　A, B, C……は生徒の氏名。

ない」と書いてもらったりと、あれこれ対策を練りながら、プチスタを通した生徒とのコミュニケーションを続けました。

生徒の提出がかなり落ち込んだときは、それぞれの生徒がまだ解答していない問題用紙の氏名欄にその生徒の名前をこちらが書き、赤ペンで、「最近どうしたの？　答案待ってるよ！」という誘いを送り続けるという粘りの戦略で生徒を引っ張り続けました。一一月二七日から三月初旬まで、生徒の答案提出は結局合計七九九枚にも及びました。図１は、生徒別の合計答案数を示したものです（この図は生徒たちに見てもらい、さらなる参加を促しました）。なお、三年生になってもプチスタは継続し、そこでは中級レベル・上級レベルも実施しました。

第5章　国語と英語の特別授業
——二回目の授業と関わり

1　特別授業「WYSH国語」を準備する！
——一月二二日（四回目の訪問）【第245日目】

（1）題材を決める！

前回（一一月）の訪問時に、生徒たちに、「来年の一月にまた来るけど、何の授業がいいか、希望を書いてね。」と希望を尋ねたところ、一番多かったのが国語と英語でした。どちらの教科もとても苦手のようです。どちらにしようか迷いましたが、英語は、プチスタを通して毎日生徒と関わっているので、今回は、WYSH国語にすることにしました。

こうして教科は決まったのですが、次は何を教材にするかです。特別授業です。しかも国語が大嫌いな生徒が大半だと聞いていました。中学二年生の教科書（東京書籍）を引っ張り出してきて、生徒と一緒に読んで興味がわきそうな話はないか、生徒が自分の生き方を考えるきっかけになるような話はないか、こんな難しい話がわかったと達成感を感じられるようなものはないか、色々と探しました。

中学二年生用の教科書にあった、いわゆる〝文豪〟の書いたものには、

・太宰治の「走れメロス」

・夏目漱石の「坊っちゃん」

がありました。何度も読んでみましたが、O中学校の生徒にはどうもしっくりしません。特別授業ですから、その授業で、授業が成立していなかった生徒たちの気持ちをぐっと引き寄せ、「勉強するって意外と面白いな。」と思ってもらえるものでなくては授業をする意味がありません。うーん、困りました。そこで、再び京都の大きな書店に出かけ、書店の人に、

「中学二年生に国語の授業をしようと思っているんですが、これまで授業はまったく成立していません。生徒のほとんどは国語が苦手なんです。何かお勧めの教材はありませんか？」

と尋ねました。文豪が書いた小説で中学生でも読めそうなたくさんの本を紹介していただきましたが、どれもO中学校の生徒は歯が立たないだろうなと思うものばかりでした。

そのときにふと、生徒の一人が言った言葉を思い出しました。

「なんかあ。哲学？　っていうかあ。そんな授業ってちょっと大人っぽくてかっこいいなあって思うけどお……。」

ほうほう「哲学」ね、そんなちょっと背伸びしたことを口走っていた生徒が確かにいましたよ。それで、またまた店員さんに相談です。

「何か哲学っていうか、子どもでもわかる本はありませんか？」

今度は、他のコーナーの店員さんまで動員して、店内を探しました。紹介してくださったのは、なんと絵本です。

・工藤直子文／長新太絵『てつがくのライオン』復刊ドットコム、二〇一四年
・ユリー・シュルヴィッツ作・画／瀬田貞二訳『よあけ』福音館書店、一九七七年
・佐野洋子作・絵『一〇〇万回生きたねこ』講談社、一九七七年
・長新太作『ブタヤマさんたら、ブタヤマさん』文研出版、一九八六年

とりあえず全部購入しました。絵本の読み聞かせができるかどうか、大学に帰って、それぞれの本を声を出して読んでみました。生徒の気持ちになって何度も読んでみました。

うーん。どの本ももちろん深く読めれば、絵本の枠を超えるいろんなものが詰まった本でした。でも、O中学校の生徒はそこまで深く意味をとれるだろうか……？　単に、子ども扱いされたと不快になるだけではないか⁇　また迷いが生じてきました。

そもそも、大人に対して大きな不信感を持っている生徒たちですから、子ども扱いされたと思えば強く反発する可能性があります。やはり思い切り「大人扱い」するのが妥当なような気がしてきました。いつものことですが、教材選びには、ものすごく時間がかかります。そして最終的

に決まるまでは、気持ちは振り子のように揺れるのです。

そこで、また文豪の小説（できれば短編小説）を手当たり次第に探しました。そして、ついに、芥川龍之介の「蜜柑」という短編小説に辿りついたのです。

これは、芥川龍之介が大学卒業後、大正五年から八年まで横須賀の海軍機関学校の教官をしていた当時の作品です。毎日蒸気機関車で通勤している主人公の男性（恐らく、芥川龍之介本人）が、列車の中である日偶然、出稼ぎに出かけると思われる貧しい田舎の小娘と乗り合わせます。お金に困っているわけではないが生活に疲れ落ち込んでいた主人公は、初めその娘の振る舞いを不愉快に感じますが、その娘が走る車窓から見送りに来た弟たちに別れの蜜柑を投げるシーンを目撃し、その清清しい光景と娘の気持ちを思いやり、主人公は気持ちを立て直す、という物語です。

何気ない平凡な列車の旅に過ぎませんが、物語前半は蒸気機関車のどす黒い煙など暗く憂鬱な描写が続き、後半ではトンネルを抜けると突然、その娘が機関車の窓を開けて、弟たちのために放り投げた蜜柑が鮮やかなオレンジ色に輝くという筋なので、生徒たちに目に焼きつくような印象を残すのではないか、と考えたのです。

もちろん、この物語は、時代も古く、O中学校の生徒にはかなりとっつきの難しい内容ですが、思い切り背伸びすれば手が届かないものではなさそうです。手が届くような仕掛け（はしごをかける）をこちらがすればいいのです。生徒と登場人物の唯一の共通点は、登場する小娘は一三歳か一四歳と書かれていますので、中学二年生の彼らとまさしく同年代です。しかし、それ以外は、時代設定も、生活の様子も何もかも現代社会とは異なります。それをどのように彼らに近づけるか？　ここからが、教員の頑張りどころです。

文章は難しいですが、私が現代語訳をして読み聞かせるとして、何か挿絵のような、情景が思い浮かぶような材料が必要です。映像も含めあちこち必死で探しました。そしたらなんと、あったのです。珍しい材料が見つかりました。かなり個性的なものですが、この物語を木版漫画の絵本にしたものです（芥川龍之介（原作）藤宮史（版画）『木版漫画　蜜柑（みかん）』黒猫堂出版、二〇〇九年）。早速出版社に連絡し、無理なお願いを聞いていただき使わせていただけることになりました。

その木版漫画はそれはそれは素晴らしいものでした。とても綿密で丁寧な時代考証がされており、当時の横須賀駅や横須賀港の状況、しかも蒸気機関車はその当時その路線を走っていたであろう車内の情景が描かれています。登場人物の衣装や髪型も丁寧に再現されています。感動を超えて衝撃が走りました。このような本気の大人のこだわりを生徒にもぜひ見せたいと心から思いました。そして一緒に感動したいと思いました。

（2）「にわか専門家」になる！

蒸気機関車と奉公に出る少女

国語が特別苦手な生徒たちです。ですので、文だけの読み聞かせではなく、まず、画像や映像などで生徒をひきつける必要がありました。

映像は、蒸気機関車と奉公に出る少女にポイントを置くことにしました。

①蒸気機関車

黒い煙をモクモクと吐き、汽笛はまるで、人の叫びや喘ぎのようです。それでも美しく強く走り続ける蒸気機関車は愚直に真面目に生きる人間のようです。現実に蒸気機関車など見たことのない世代の生徒たちだからこそ、蒸気機関車もこの物語の魅力の一つとして、生徒を引き込むきっかけになるのではないかと考えました。

そのためには、私自身が当時の蒸気機関車のことを知らなくてはなりません。様々なことを調べました。この部分は蒸気機関車に詳しい知り合いの大学院生（田中雅樹氏）に手伝ってもらいました。

・明治・大正・昭和初期の生活と文化
・明治の旅（当時の運賃を当時の物価で考える）
・蒸気機関車の構成要素
・『横須賀線を訪ねる』（蟹江康光編著、交通新聞社、二〇一〇年）（内容：横須賀駅の歴史、海軍と横須賀駅、お召列車の運転記録、謎の蒸気機関車など）
・『タイムスリップ横須賀線』（吉川文夫・三宅俊彦、大正出版、二〇〇四年）（内容：横須賀湾を眺めながら走る一一三系の下り列車）

・『鉄道ピクトリアル』（鉄道図書刊行会、一九七四年）（内容：軍部の要請と横須賀線の建設）
・大船―横須賀間のトンネルの状況と芥川龍之介「蜜柑」との関係
・『鉄道ピクトリアル』（鉄道図書刊行会、一九九八年）（内容：横須賀線の歴史過程、軍部の要請で路線調査実施、予算流用で工事を実施、トンネルを連ねて横須賀に達する）
・当時の海軍機関学校について
・『全国鉄道事情大研究――九州篇2』（川島令三、草思社、二〇〇七年）（内容：JR日豊線）
・『九州特急物語』（石井幸孝、JTBパブリッシング、二〇〇七年）（内容：九州の鉄道黎明期）

など調べられる限りを尽くしました。そして、映像は、多くの候補の中から、実際に山里を走る「蒸気機関車」の映像を選びました。

②奉公に出る少女

　中学生たちと同じ年ごろの子どもたちが学校にもいけず奉公に出ていた時代が長い間日本にもありました。私の中学生時代に、同級生の一部が泣きながら集団就職していった様子は今も目に焼き付いています。生徒たちが自分たちの境遇を見つめなおすきっかけになればとここも力を入れました。資料は、中村まり・山形辰史編『児童労働根絶に向けた多面的アプローチ――中間報告』調査研究報告書（アジア経済研究所、二〇一一年）を調べ、映像は、子どもたちも知っている、上戸彩が母親役の映画「おしん」を用いることにしました。

作品と作者について

芥川龍之介の「蜜柑」の中に出てくる言葉の意味、時代背景や当時の社会状況等を調べました。また、この作品を書いた当時の芥川龍之介がその当時どのような状況だったのか、生涯の彼の作品の変遷など、調べられる限りを調べました。

＊

こうして、約二か月の時間を費やして、O中学校向けのWYSH国語を準備し、当日を迎えました。

2　いざ「WYSH国語」を実施する

この授業のねらいを次のように設定しました。

①一見難しい国語の文章も、（意味がわかると）意外と楽しいことを実感してもらう。

（細かい意味がわからなくても、大まかなストーリーがわかる。）

②その文章から感じたことを、自分の言葉で表現し発表する経験をしてもらう。

③すぐれた小説は人生への考え方を広げるためのヒントをくれることを知ってもらう。

（周囲の友だちに気を使い、迎合したりしなくても、本からも心の満足が得られることを知る。）

授業に使用する時間数は、特別授業ですので、それほど長い時間はとれません。しかも、まだまだ生徒の様子がしっかりつかめているわけでないので、今回もクラスを半分に分け、同じ授業（二コマ）を二回繰り返すことにしました。

授業の進め方については、これまでの学校では、中学生の授業で、特に難しい教材を使用する場合は、辞書やこちらが準備した語句の説明などを使って、授業前に独力で本文を読んできてもらうという宿題を出していました。しかし、Ｏ中学校では、家庭学習の習慣がない生徒が多いことが想定されたため、それを宿題ではなく、授業の最初に組み込むことにしました。

（１）一コマ目の授業――物語に「なじむ」

自分で読む

まずは、各自独力で「蜜柑」の本文を読んでもらう時間を作りました。（反省点：当初、五分間くらいで読めると予想していましたが、実際には一〇分以上かかりました。）

芥川龍之介を知る

「蜜柑」の作者、芥川龍之介について、ここでは、パワーポイントを用いて、その生い立ち、受けた教育、職業などといった型どおりの伝記的人物像ではなく、次のような内容の、彼が「蜜柑」を書いた時期は彼の生涯の中のどのような時期だったのか、当時の彼が抱えていた想いなど、小説が書かれた背景となる「ウラ情報」を伝えました。そうすることによって、「蜜柑」という作品が理解しやすくなるからです。
・いつ、どこで生まれたのか?
・どのような幼少期を過ごしたのか?
・芥川家とはもともとどのような家系だったのか?
・どこの大学に行って何を学んだのか?
・卒業後、海軍機関学校の職に就いていたころの作品が「蜜柑」
・通勤時の出来事を基に執筆された短編小説が「蜜柑」
・彼は極度のヘビースモーカー(一日一八〇本)であった

物語の構成の説明

生徒が物語の細部に入る前に、全体像がつかめるように、物語の大枠を説明しました。まずこの物語は四つの場面から構成されていることを伝えたあと、各場面をパワーポイントを使って短く説明しました。

①第一場面:(物語の情景の紹介)列車内の「私」(男性)と「小娘」(一三―一四歳)
②第二場面:「小娘」の外見と「私」の気持ち
③第三場面:「小娘」の予想外の行動
④第四場面:予想外の「小娘」の行動の意味と「私」の気持ちの変化

いよいよ本文──暗がりの中での「読み聞かせ」

ここまでの説明が終わったところで、生徒全員に机を離れて、椅子を持ってスクリーンに近づいてもらい、私を囲むように集まってもらいました。そして、「読み聞かせ」の雰囲気が出るように教室の照明も落としました。

次に、四つに分かれる場面のそれぞれについて、各場面の重要な部分を、現代語風に直しながら、また、理解に役立つと思われる情報を加えながら「読み聞かせ」を進めました。

また、本を読む楽しみの一つは、本の場面や情景を頭の中で想像することですが、時代も立場もあまりにも違いすぎて、そのままでは生徒たちにはイメージがつかめないと考えられたため、二種類の補助教材を使いました。一つは前述の木版漫画、もう一つは映画（DVD）です。

「蜜柑」という物語は、次の四つの場面から構成されています。

①第一場面──（物語の情景の紹介）列車内の「私」と「小娘」（一三─一四歳）

横須賀駅に停車中の蒸気機関車の二等客車内に座っている「私」という設定から小説は始まります。生徒の手元には、「蜜柑」の本文の各ページに木版漫画の絵を一枚挿絵として入れたものが配布されています。その挿絵の木版漫画一つ一つをパワーポイントにして、それを説明する形で、木版漫画を用いた紙芝居のような雰囲気で話を進めていきます。木版漫画を見せながら、芥川龍之介の本文を現代語になおした形で朗読していくわけです。単に朗読するだけでなく、例えば、Ｏ中学校の生徒には馴染みのない横須賀駅を少しでもわかりやすくするために、横須賀線が

私は横須賀《よこすか》発上り二等客車の
隅《すみ》に腰を下して、ぼんやり
発車の笛を待っていた。

二等客車（にとうきゃくしゃ）
当時は、客車は一等・二等・三等に分けられていた。
等級ごとに客車の車体の帯色の塗りわけがあり、一等車＝白、二等車＝青、三等車＝赤だった。切符の色も同じであった。
二等車は三等車の2倍程度の値段。鉄道は庶民には贅沢であったようである。

列車内の「私」（第一場面）

図版は、下記の本より転載（以下同）。芥川龍之介（原作）藤宮史（版画）『木版漫画　蜜柑（みかん）』黒猫堂出版、2009年。

開通したのはいつか、横須賀が日本海軍には重要な軍港であったこと、横須賀名物の海軍カレーなど、横須賀のミニ歴史を紹介し、場に馴染んでもらえるような雰囲気作りをしました。さらに、二等客車の運賃がどれくらい高価なもので（今のグリーン車並み！）、二等客車に乗るのはどのような客層なのかについても説明しました。

さらに、木版漫画は黒白で単調ですので、カラー映像を見慣れた生徒たちが飽きないように、「発車の笛が鳴った。」というくだりでは、実際に汽笛を鳴らしたりする工夫をしました。また、木版漫画のパワーポイントの背景も白のままでなく、場面毎に、木版漫画の持つ重厚な雰囲気を壊さないように、背景色を、第一場面はくすんだ緑色、第二場面はくすんだ赤茶色、第三場面はくすんだ青色、第四場面では灰色とし、場面ごとの色の変化をつけました。さて、その発車ぎりぎりのとき、「私」が座っている二等車内に一人の「小娘」が突如入ってきたところで第一場面が終わります。

②第二場面——「小娘」の外見描写、「私」の心情描写

ここは、突然現れた「小娘」の外見と、「私」の心情が描写される場面です。二等客車に不釣合いな貧しい「小娘」の皮膚や髪型、垢じみた不潔な服装が細かくしかも侮蔑的に描写されています。「小娘」の手には三等客車の切符がしっかりと握られており、間違えて乗り込んできたものと思われますが、「私」は二等客車と三等客車の区別さえつかない「小娘」のおろかさに腹を立てます。

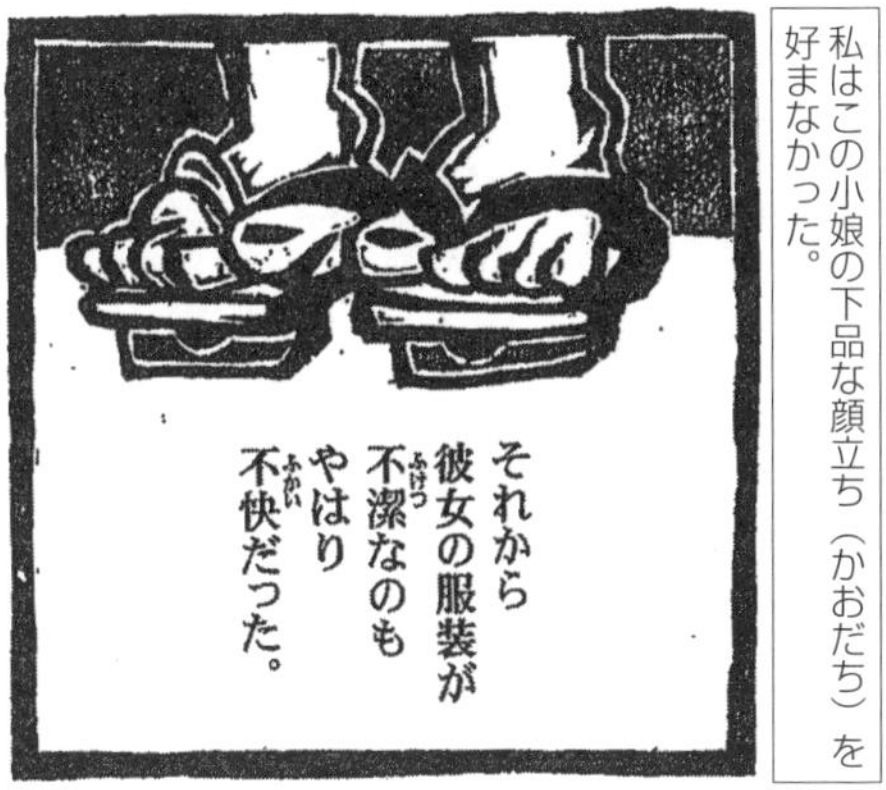
私はこの小娘の下品な顔立ち（かおだち）を好まなかった。
それから
彼女の服装が
不潔《ふけつ》なのも
やはり
不快《ふかい》だった。

発車間際に列車に入ってきた「小娘」への「私」の心情（第二場面）

さて、物語としては、これだけで第二場面の説明は終わりです。しかし、第一場面、第二場面ともに、たとえ、パワーポイントを使ったにせよ、退屈で単調な説明の連続ですので、少し、その雰囲気を変えるために、この場面の最後に、実際に山里を走る「蒸気機関車」の数分間の映像を見せました。黒い煙を吐きながら、もくもくとたくましく走る「蒸気機関車」の美しさを感じてもらいたくて、たくさんの候補映像の中から、叫びのように汽笛を鳴らしながら、雪の中や厳しい自然の中を走り抜けたり、坂道をもくもくと登り続ける

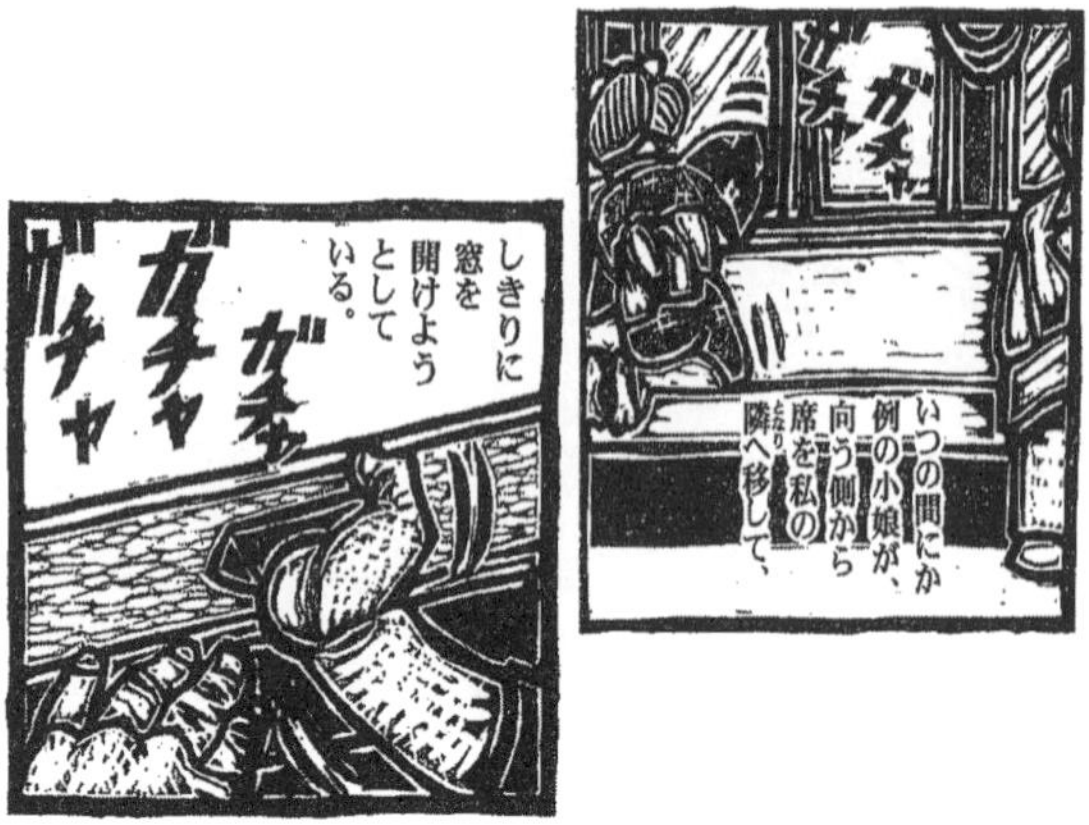

「小娘」が列車の窓を開ける（第三場面）

蒸気機関車の映像を選びました。たとえ、物語に興味が持てなくても、蒸気機関車だけにでも興味を持ってもらえればと考えました。

③第三場面――「小娘」の想定外の行動

第三場面も、二等客車内での出来事です。もともとこの二等客車内には、「私」と「小娘」の二人しかいません。最初、「小娘」は「私」とは通路を挟んだ向かい側の席に座っていました。それが突然、「私」と同じ側の席に移動し、しかも、列車が今にもトンネルにさしかかろうとするときに、突然、列車の窓を開けようとする想定外の行動に出ます。重い硝子戸の窓は「小娘」には開けにくく、なかなか開きません。その「小娘」の悪戦苦闘を「私」は腹立たしさを募らせながら冷やかに見つめています。ついに、窓が開きます。それと同時に、列車の窓から、黒煙が濛々と車内に入り込み、喉を痛めていた「私」は激しく咳き込

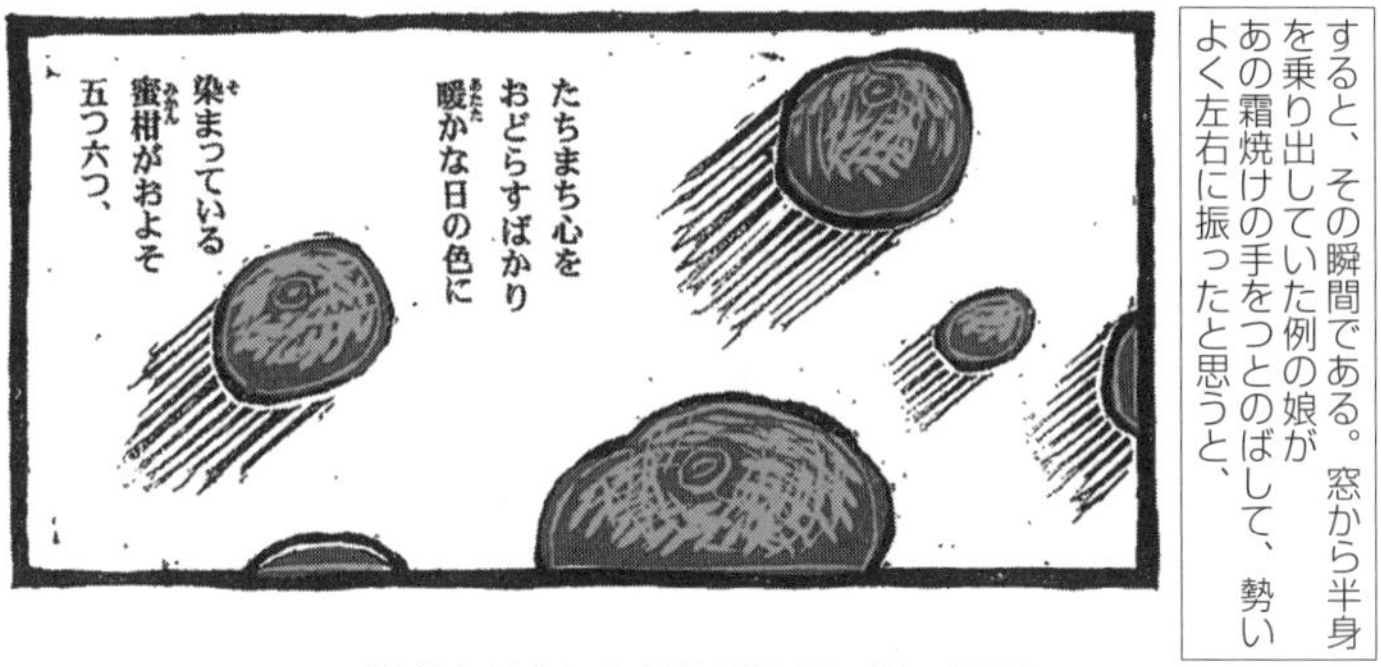
すると、その瞬間である。窓から半身
を乗り出していた例の娘が
あの霜焼けの手をつとのばして、勢い
よく左右に振ったと思うと、
たちまち心を
おどらすばかり
暖《あたた》かな日の色に
染《そ》まっている
蜜柑《みかん》がおよそ
五つ六つ、

「小娘」が窓から蜜柑を投げる（第四場面）

みます。しかし「小娘」は一向に気にすることなく、窓の外を見つめていました。

④第四場面――想定外の行動の意味と「私」の心情の変化

トンネルを過ぎると、列車はまもなく踏み切りにさしかかりました。その踏み切りの柵の向こうに三人の小さな貧しい小汚い男の子たちが立っているのが見えました。その男の子たちは列車が通りかかるといっせいに手を振り、一生懸命に大きな声で何か叫んでいます。その瞬間、窓から身を乗り出していた「小娘」が大きく手を振り返したかと思うと、「小娘」の手から鮮やかな暖かな日の光に染まった蜜柑が五―六個、放り投げられたではありませんか。

その光景に「私」は衝撃を受けます。これからつらい奉公先に行こうとしているであろう「小娘」が、わざわざ見送りにきた弟たちの労に報いたのでした。

退屈で憂鬱で陰鬱な心持ちであった「私」の心に、得体の知れない朗らかな心がわきあがり、「小娘」をまったく別人を見るように見つめるというところで話は終わります。

奉公に行く少女（映画『おしん』より）

「おしん」DVD&BD（発売元：セディックインターナショナル　販売元：東映・東映ビデオ　©2013「おしん」製作委員会）

ここで、物語自体は終わりますが、現代に生きる生徒たちには、「奉公に行く」ということの意味もその状況も想像できないだろうと思われましたので、奉公に行く娘の気持ちや奉公先での様子を知るために、生徒たちも知っている上戸彩が母親役をする新しいバージョンの『おしん』の映像の一部を生徒たちに見せました。なお、第四場面の木版漫画のパワーポイントの背景は灰色としましたが、白黒の版画の中で、蜜柑の部分だけは、明るいオレンジに塗り、色彩のコントラストの鮮やかなものとしました。

ここで一〇分間の休憩を入れました。

（2）二コマ目の授業——物語を「考える」

ウォームアップ

一コマ目の授業で、「蜜柑」の本文の説明をたくさんしましたので、特に、この中学校の生徒には、かなり忍耐を要したのではないかと不安でした。そこで、次の「考える」授業に入る前に、気分転換を兼ねて、同時にグループワークのウォームアップとして、「色からわかる性格診断」という遊び部分を一〇分ほど入れました（八色の中から、各自、自分の好きな色を選んで挙手してもらい、その色が好きな人の性格の特徴を私が説明するというもの）。この部分は、基本的に遊びの部分で、こちらが説明した性格と自分の性格を照らし合わせて、「めっちゃ合ってる、合ってる。」、「まじ合ってる。」と驚き喜ぶ生徒もいたりで大変盛り上がりましたが、自分のいいところを見つめてもらうという意味も持たせました。

＊

いよいよ二コマ目の授業の本番です。この授業は、一コマ目で学んだ内容を生徒が考え発表する時間です。日常の授業では、このような作業はまったくできていない生徒たちですので、さてどうなることやら……。

今回のテーマは、「貧しい身なりの『小娘』が、走る列車の窓から、わざわざ見送りにきた弟たちになけなしの蜜柑を投げて渡すという行為を、『私』はどう思ったのか?」、そして「このクラスのみなさんはどう思うのか?」というものにしました。正解はないので、自由に考えてよいことを伝え、まずは自分で考えて、その後、クラスで発表し合うことにしました。

ただ、急に、「この少女の行為をみなさんはどう思いますか?」と聞いても、答えにくいので、以下のようにいくつかのクイズに分けて、考えていくように導きました。だんだん質問が抽象的になっていく（徐々に難しくなっていく）ことに注意してください。これは「シェイピング」と言われる手法です。

グループワーク

・練習クイズ：主人公の「私」は列車に乗ってすぐのころは、どのような気持ちだったと思いますか？

・クイズ1：みかんを四個もらいました。あなたはどうしますか？

（単純に自分がみかんを四個もらったらどうするか尋ねる質問、誰でも答えられる質問を最初に配置した）

・クイズ2：別れのとき、数年間は会えない大事な人からみかんを四個もらいました。みかんの大切度はどれくらいですか？(1)(2)

（少しずつ、本文の「小娘」の状況に近づけていく。「みかん」は、奉公先に行きしばらくは会えない娘に親が渡したであろう特別な「みかん」と推測される。）

・クイズ3：この物語では少女はなぜ、このように、みかんを弟たちに与えることができたと思いますか？(3)

・クイズ4：もし、中学卒業後、家族とはなれて就職しなければならないとしたら、あなたはどう思いますか？(4)

（もしも、物語の少女の状況に自分がなったら、どう思うかを現在の自分として考えてもらう→今の自分の幸せに気がついてもらいたいという意図。）

上記のクイズについて、各班でグループワークをしてもらいました。まず、各質問についての自分の意見を一人一言ずつ付箋に書き、それを各グループに配ったＡ３の台紙に貼ってもらいました。次にその中から似たような意見ごとにまとめてもらい（これを「内容分析」と言います）、発表しやすいようにしました。この授業の目的は、どんなことでもいいので、自分がこの物語について何を感じたかを言葉に表し、それを発表するという経験をしてもらうこと。そして、それを通じて、最終的には自分の人生を振り返るきっかけにしてもらうことでした。とは言っても、中学生にいきなり自分の人生について考えようというのは飛躍しすぎるため、誰でも回答できるより具体的な質問から始め、徐々に抽象度を上げる方法をとったのです（シェイピング）。

そして最後に、私がこの特別授業で何を伝えたかったのかを話しました。その後、セリフのな

（１）「大切度」と言っても理解できないので、「すごく大切」を一〇〇点、「全然大切だと思わない」を〇点として数値で表現してもらうことにしました。
（２）「大事な人」とは家族とか、好きな人など、という説明も口頭で加えました。
（３）クイズが進むごとに、現在のことから、物語の世界へと移行し、少女の気持ちを押し測れるような道筋をつけました。
（４）もちろん、現在の彼らには想像もつかないことですので、五〇年くらい前の中学生の集団就職の様子の写真を見せて想像する助けにしました。

い「おしん」の親との別れのシーンだけを再度見せました。[5] 時代も地域も違いますが、生徒たちとまったく同年齢の少女の心情を推し測り、今の自分の生活を振り返って欲しいと思ったからです。そして授業の一番最後に生徒に感想文を書いてもらいました。

（3）反省と後悔の渦巻き

繰り返しますが、この特別授業は、それまでほとんど授業が成立していなかったクラスのために、第二段階の授業として開発したものです。第一段階の「思春期のこころ学」の授業の中で、生徒自身に授業態度を改善したいという意欲のあることが見えてきたので、次の段階として、学習への興味関心を高めたいと考えて実施した授業でした。当時、O中学校は県下でも英語の成績がもっとも悪い学校だったのですが、英語はプチスタを通して毎日関わっているため、全体授業としては英語以外を対象にしようと考えました。主要三科目のうち数学は、担当教員が二人いて、その上、ボランティアの大人が授業中に「はげまし隊」として参加しており、数学では、生徒の授業崩壊は起こっていませんでした。そこで、残る国語を今回の特別授業の対象とすることにしたのです。

今回のこの特別授業も、このクラスを二グループに分け、一三人ずつで二回実施しました。しかし実際やってみると、最初のグループの授業では、一コマ目で終わるはずの物語の説明が、文章中の語句や時代背景の説明にかなりの時間をとられたため、一コマ目で終わらず、二コマ目の半分くらいまで食い込んでしまいました。そのため、物語の理解はよくできたと思われましたが、グループでの話し合いや発表が十分にできなかったと後悔しました。そこで次のグループの授業では、一コマ目の物語の説明部分を大幅にカットして簡潔にし、一コマ内におさめるようにしました。その結果、グループでの話し合いや発表の時間は十分にとれましたが、今度は逆に、一コマ目で説明を削った分、物語への理解が十分できなかったのではないかと不安でした。

授業が終えた時点で思ったのは、小学校時代にも授業崩壊を経験して、国語の基礎学力がかなり低い状態だったO中学校の生徒たちには、芥川龍之介の「蜜柑」は、教材としてハードルが高すぎたかもしれないということでした。難易度の高い教材を理解できた満足感や達成感をねらうよりも、もっと基礎的な教材を準備すべきではなかったかと、終えた直後は、授業の感想文を書いている生徒たちを眺めながら、反省ばかりが頭の中を渦巻いていました。果たして、生徒たちは授業にどういう感想を持ってくれたのでしょうか？

(5)　親との別れのシーンではおしんが「おとう」、「おかあ」と声を限りに叫び続けますが、授業では、セリフを消し、映画のテーマ曲を流すだけにしました。それは、クラスの中にすでに親との別離を経験している生徒がいたためです。

（4）生徒たちの声

生徒の感想文（三五人中）（原文のまま）

質問「今日の授業で一番こころに残ったことは何ですか？」

①「みかん」をあげる行為に象徴される家族愛に関連する感動（一三人、三七％）

◉みかんを弟にあげたこと（八人）

・さいごおわかれするときにみかんをわたした。（男子）

・弟たちにもみかんをわけてあげたこと。（男子）

・小娘が弟にみかんを投げたこと。（女子）

・一人の小娘が弟にみかんをあげているところがそれだけ弟のことを大切にしているんだと思い、心に残りました。（女子）

・芥川龍之介の蜜柑で、奉公先へ行く小娘が自分の弟三人にみかんをあげたのですごいなあと思いました。（男子）

・小娘がみかんをなげたところ。（男子）

・娘さんは、みかんを弟にあげた時、本当に家族を大事にしているんだなと、良いお姉さんで、私もそんなお姉さんになりたいです。（女子）

・娘が弟三人にみかんを渡した場面で思いやりを感じた。（男子）
◉家族の大切さ、思いやり（三人）
・私たちがしているような生活ができていない中で、家族への思いやりが強かったことが心に残った。（女子）
・一番大切なのは、家族や友だちが大事だということ。（男子）
・家族を大切にする気持ちを学べた。（男子）
◉大切な人からもらう意味（二人）
・みかん一つでも大切な人からもらうと貴重。（女子）
・どんなものでも大切な人からもらったら、そのものに対する思いに変わるということがすごかった。
②今の自分の幸せの認知（八人、一三％）
・自分たちがあたりまえにしている生活が、昔はすごくつらいものだった。（女子）
・昔の子どもたちは、不自由な生活を送る人が多かったんだと思いました。（女子）
・少し前までは、幼い子でも働きに出ないといけないくらい貧しい人たちがいて、今自分が恵まれた生活をしているということを再確認できました。（女子）
・大切な人のそばを早くから離れるということを考えさせられた。今が幸せということを実感した。（女子）

・私たちと同じくらいの女の子は働きに、親と離れることがとても心に残りました。私だったらいやだと思います。（女子）
・「蜜柑」と今の自分とをてらし合わせて、自分の生活がどれだけ幸せか分ったところ。（男子）
・今の生活ができて幸せだと思う（女子）
・昔と今ではちがう事が分かった。（女子）
③映像を通した感動（一二人、三四%）
◉「おしん」の映像に感動（六人）
・「おしん」を見たことです。私も「おしん」は何回か見たことがあるけど、やっぱりすごく感動しました。（女子）
・大正時代の映画がとても心に残りました。（女子）
・「おしん」の映画が感動しました。あの話は本当にあった事と聞いたので、今はとても幸せなんだと思いました。（女子）
・「おしん」を見て感動した。（男子）
・休み時間前の映画が、とってもよかった。特におしんが努力している姿がすごく感動した。僕も部活と勉強をしっかり努力したいです。（男子）
・家族を大切にする気持ちを学べた。奉公に行く決心をしたおしんはすごいと思った。（男子）
◉「汽車」の映像に感動（四人）

・今はもう走っていない汽車の姿をたくさん見れたことです。煙を出して走っている姿は映像でも、はく力がありとてもかっこよかったです。（女子）
・汽車の映像が何だか心に残りました。（女子）
・機関車の映像を見たこと。（男子）
・汽車が力強くてかっこよかったです。（男子）

◉映像全般（二人）
・映画が感動した。（男子）
・映像が心に残りました。（女子）

④物語・著者への興味関心（一〇人、二九％）
・最初はよくわからなかったけど、最後は理解できました。（女子）
・一つの話でもその時代の良かったところ悪かったところがよく出ていて、その時代を知るには話は良いと思いました。（男子）
・今日の物語は難しかったけど、また読み返したいと思います。（女子）
・本を読むことがあまり好きじゃなく、改めて本を読んだ後には、何か教えてくれることがわかりました。（女子）
・芥川龍之介の「蜜柑」で主人公の気持ちが変わっていく様子。（男子）
・「蜜柑」が意外におもしろかった！（女子）

・「蜜柑」の内容が心に残った。(男子)
・「蜜柑」を読んだこと。(男子)
・芥川龍之介がタバコを一八〇本すってたことに驚いた。(男子)
・芥川龍之介の知らない作品を詳しく知れてよかったです。(女子)
⑤クイズ・意見交換・発表形式の授業形態(二人、六%)
・クイズ。(男子)
・一番心に残ったことは、意見を書いて発表したことです。いろいろな質問があって、難しい質問もあったけど、自分のことや、物語のことを考えれて良かったです。(女子)

質問「三学期のあなたの目標は何ですか?」

①勉強を頑張る(一三人、三七%)
・授業をがんばる。(男子)
・もっと勉強を頑張る。(女子)
・受験に向けて特に勉強を頑張る。(女子)
・勉強をがんばる。(女子)
・番数UP!(男子)
・勉強をもっとしっかりする。(女子)

・勉強があまりできていなかったので、三学期は提出をしっかり全部出して、進学できるように頑張っていきたいです。（女子）
・学力向上！自分が好きな職業につけるように頑張る。（女子）
・学力を上げる！（女子）
・勉強で一年からの復習を頑張る！（女子）
・テストで一番になる。（男子）
・授業中の居眠りをせずに、提出物を期限内に出す。（男子）
・今の学力を伸ばす。受験をちゃんと意識する。（女子）

②何ごとも頑張る（九人、二六％）
・何をするにも一生懸命に頑張る。（女子）
・一所懸命。（男子）
・頑張る。（男子）
・何でもがんばる。（男子）
・努力すること。（女子）
・何事にも努力すること！（女子）
・何事もあきらめずに、最後までやりきる。自分らしく生きる。（男子）
・いろんなことにチャレンジする。（女子）

・新しい発見をする。（男子）

③生活態度の改善（八人、一三％）

・二学期の反省を三学期でもっとよくしていきたいです。三年生につなげていく。（男子）

・二学期よりも落ち着いてすごす。（男子）

・中三になるのでしっかり準備したい。（男子）

・学級委員長としてもっと頑張る。（女子）

・先生の言うことをしっかり聞くこと。（女子）

・トラブルを起こしたくない。（女子）

・人にめいわくをかけない。（男子）

・忘れ物をなるべくしない。（男子）

④生き方を変える（二二人、三四％）

・良いことも悪いことも楽しむ。（男子）

・正しい生活をする。（男子）

・生活に慣れる。（男子）

・悔いの残らない生活を送る。（男子）

・平和的に一日を過ごす。（女子）

・とにかく一日一日を楽しむ。（女子）

・やるべきことをして楽しくすごす。（男子）
・今を大切にする。（男子）
・ずっと笑ってHAPPYでいること。（女子）
・いやだったことやつらいことを口にしない。（女子）
・ものや人を大切にする。（女子）
・家族を大切にして体の健康に気をつける。（男子）
⑤その他（二人、六％）
・「蜜柑」という話を読んで、本を読むと自分の知らないことをたくさん知れることがわかりました。三学期はたくさん本を読んで知識を豊かにしたいです。（女子）
・自分がこうやって毎日を幸せに過ごせることをとっても感謝する。（女子）

生徒たちの反応

生徒たちにはかなり難しいと思われる内容の教材を選んだにもかかわらず、授業妨害をすることもなく、物語の説明ばかりの一コマ目も一生懸命に聞いている姿が印象的でした。また、二コマ目のグループワークの部分では、全員、自分の考えを付箋に書いて、それを懸命に発表していました。

そして、感想文では、このように、生徒にとっては相当難解であったはずの物語の中からも、クラスの約三分の一は「家族愛」や「家族の大切さ」を感じていました。さらに約四分の一の生徒は、同年齢の物語の登場人物のおかれた状況と自分の今の状況から、「今の自分の幸せ」を感じ取っていました。このクラスの生徒たちは、一人一人がそれぞれ様々な家庭の問題を抱えている生徒たちですが、この物語を通して、わずかでも自分の今の状況を俯瞰的に客観的に見ることができたのではないかと思いました。その意味では、この物語の選択は、間違っていなかったのかもしれません。

驚いたのは、このような時代も状況も違う物語であったにもかかわらず、勉強を含むこれからの自分の生活全般に対する意欲の向上が強く感じられる感想文が多く見られたことでした。子どもの感性の豊かさとそれを揺り動かす我々教員の使命を強く感じた特別授業でした。言い換えれば、教員の姿勢次第で、子どもたちの人生さえ変わるということです。

3 「WYSH英語」——ジブリで英語! 一月一三日【第246日目】

(1) 教材を選ぶ

今回、O中学校では、クラス全員への特別授業としては国語の授業を選びましたが、英語の特別授業も希望者に実施することにしました。教材は、以前T中学校で実施したものと同じ教材ですが、授業のやり方はこの学校に合うように変えました。教材は、スタジオジブリの『となりのトトロ』と『千と千尋の神隠し』です。教材開発のプロセスは、前著『あの学校が生まれ変わった驚きの授業――T中学校652日物語』(ミネルヴァ書房、二〇一七年)をご覧ください。ただし、今回はT中学校とは異なり、英語の学力はわかりませんが、とりあえず英語が好きという生徒の自発的参加ですので、T中学校のように『トトロ』からだけの二シーンではなく、とても簡単な文章の多い『トトロ』の一シーンと、少し難しいけれどちょっと感動的な『千と千尋の神隠し』の一シーンから最終的に、次の二つのシーンを選ぶことにしました。

『となりのトトロ』

①メイとさつきと父親が引っ越しして、はじめて家に行くシーン

『千と千尋の神隠し』

②ハクが千尋のヒントで、自分の名前を思い出し、魔法が解けるシーン

(2)「WYSH英語」の実施――聞いて、喋って、聞く

授業は、以下のように構成しました。

①シーンの会話を生徒に聞かせる(字幕なしで、英語の音声のみ)。

＊全員がトトロの映画を見ており、ストーリーは知っているので、英語は聴きとれなくても、話の流れは理解できるはずです。ここでは、まったく(ほとんど)、理解できなくて構いません。英

語のシャワーにそのまま触れさせるのが目的です。
②次に、同じ映像を「日本語の字幕つき」で見せる。
③ここまでで、生徒にどれくらい聞き取れたかについて質問する（もちろん、ほとんど聞き取れていませんでした）。
④映像の場面をカットしパワーポイントにしたものを、ワンシーンずつ、そのシーンの中のセリフを英語にしたものとともに見せる。
・登場人物の紹介。
・ワンシーンずつ、出てきた単語の意味や文の意味の確認、発音の練習。
・重要な表現などの説明（なるべく、文法など、堅苦しくなるものは避ける）。
・外国人っぽいしゃべり方のこつの伝授。
⑤各グループで、シーンごとにセリフの役を決めて、その部分の意味をしっかり理解し、その登場人物になったつもりで（声優になったつもりで）、読み方の練習をする（この時間はかなり長くとりました）。
⑥シーンごとにパワーポイントで画像を示し、グループ毎に声優として、各セリフ担当者が順番に発表する（発表の後は必ず、拍手をしました）。
⑦発表が済んだら、再度、最初の映像（字幕なしで、英語の音声のみ）を見せる。
⑧最初に映像を見たときと、セリフの発表まで経験した後とで、どのように違って聞こえたか

について質問する。

これを、二つのシーンのそれぞれについて実施したのです。生徒たちは、目を輝かせて授業に取り組み、役に成りきって、素晴らしい発音で発表し、拍手喝采を受ける子どももたくさんいました。しかも、この特別授業は放課後に希望者だけに実施しましたので、二年三組だけでなく、二年生全部のクラスに声をかけ、普段は一緒に授業を受けることのない友だちとも一緒になれた授業でした。

また、今回はメイン講師は私でしたが、外国人っぽいしゃべり方の伝授や、意味がわからない文章や単語の細かい説明など、個々の生徒に説明する必要がある部分には、Ｏ中学校の二年生の英語科の先生方二人にも参加していただき、三人体制で臨みました。この特別授業の参加希望者は合計二三名でした。

（3）生徒たちの声

この授業は、生徒たちに好評で、授業後のアンケートには、次に示すように、様々な感想が寄せられました。もちろん生徒によって理解度に差はあるものの、全員が、全然わからなかった英語が、最初よりもわかるようになったという達成感を感じてくれたようでした。また、みんなで練習してそれを発表できたという共同意識も働いたのか、授業の最後は全員満面の笑顔で本当に嬉しそうだったのが印象的でした。

生徒の感想文（二三人中）（原文のまま）

質問「一番心に残ったことは何ですか?」

◉英語劇授業の楽しさ（英語の楽しさ・面白さ体験）（一二人、五二％）

・皆で交代でジブリのアニメのセリフを英語で言うことができたことです。（女子）

・シーンごとに自分の担当をきめて、自分でいうってことが心にのこったと思います。日本語でジブリを見るより英語の方がとてもよかった。（男子）

・全体的なんですが、今まで日本語で聞いていたので、全て英語というのが面白かったです。今回の授業では英語の楽しさを知ることができて本当に良かったです。（男子）

・木原先生のお話の中で、英語ってこんなにおもしろいんだよって教えてくださって、今日の授業で少し英語を楽しむことって大事なんだなあと思った授業でした。心に残ったというよりかは楽しかったです。（男子）

・英語は難しくて苦手だったけど、今日の授業で少しだけ好きになりました。英語は本当は楽しいと思います。これから英語を楽しみたいと思います。（女子）

・どちらも見たことのある作品で、英語版を聞くのが初めてだったのでとても楽しかったです。三班とも個性が出ていてよかったです。（女子）

・トトロのはつおんをしたときです。（女子）

・私がジブリの人になって英語を読むのは難しかったけど、楽しかったです。知っている単語があるとうれしいし、知らない単語があるとメモして覚えたい!!と思いました。英語は苦手だけど、こんな風に楽しく覚えられる授業がいいと思います。（女子）
・勉強とかを楽しんで取り組めば結果もついてくること。がんばって、がんばってきせきが起こるということ。（女子）
・私も「千と千尋の神隠し」の話が大好きで、自分の大好きな話の一部を英語で話せるようになったことが一番うれしくて心に残ったことです。まだ習っていない単語などもたくさんあったけど、アニメを見ながら勉強ができたので、すごくわかりやすかったし楽しかったです。（女子）
・みんなで英語のセリフを読みあったことです。分らない所も友だちや先生にきいたり、班の友だちと話し合ってとても楽しく授業をきくことができました。（女子）
・英語を話すことを勉強じゃなくて、遊びのような感じでみんなで練習できたことが一番心に残りました。勉強としてしかたなくやるよりも、楽しく遊び感覚でやったほうがとても頭に入ったのでよかったです。（女子）

◉理解できた喜び（五人、一二％）
・音読して、また聞いてみたら、結構理解出来たことです（男子）
・練習をしたあとに、映像を見たらわからなかったところもちゃんと聞こえて分るようになって

よかったところです。（男子）

・最初はちょっとしか聞き取れなかったけど、練習後はけっこう分ったのがとてもうれしかったです。（女子）

・今日一番心に残ったのは、日本語を英語に訳してその単語を理解することでえいぞうを見ると、単語（だけ）を理解しようとした、えいぞうを見る前とはまったくちがうみたいによくわかりました。（女子）

・まだ習っていない単語などもたくさんあったけど、アニメを見ながら勉強ができたので、すごくわかりやすかったし楽しかったです。（女子）

質問　「三学期のあなたの目標は何ですか？」

◉英語力の向上への何らかの努力の決意（一五人、六五％）

・一つ一つの単語の読み方・つづり・意味をしっかり覚え、理解することです。（男子）

・三学期は、わからないところをわかるようにしていきたいです。（男子）

・一、二、三年生の英語の内容（習ってきたこと）を全部見返して覚えることです。（男子）

・英語をすらすら読めるようになること。（男子）

・勉強というよりかは楽しんで行い、そのことを生かして成績を上げたいです。（男子）

・僕の三学期の目標は、英語を楽しむことです。これから頑張っていきたいです。（男子）

・英検四級合格‼（女子）
・単語をしっかり覚える。会話文を書けるようにする。（女子）
・家でも学校でも予習・復習をしっかりやること。最後までがんばること。（女子）
・テストでの英語の点数を上げる。単語をしっかり覚える。（女子）
・私は、英語の時とかに、ポンミスしてします（原文ママ）ので、そこをなくしたいです。今まで、授業の発音の時に、はずかしがって棒読みだったので、積極的に自信を持って言いたいです。（女子）
・三学期は単語をもっとおぼえて表現のしかたなどをもっと理解できたらいいなあと思います。（女子）
・私は英語が好きだけど苦手なので、今日先生がおっしゃったように、おもしろいところや楽しいところを見つけて、苦手をなくしていけるようにがんばろうと思います。（女子）
・どんどん英語がむずかしくなるので、授業中も先生の話をきいたり、分らない所をきいたりして、分からない所をなくしたいです。そして楽しく授業を受けたいです。（女子）
・しっかり単語を覚えて、長文問題も解けるようになりたいです。（女子）

（4）英語科の先生たちのその後の取り組み

この授業の後、特別授業を一緒にしていただいた英語の先生方から、「生徒たちの反応が非常によかったので、もう一度、二年生の全ての教科書を終了させた後に、希望者だけでなく、全員にWYSH英語の授業をしようと思います。」と言われました。そして、実際に三学期末にWYSH英語の授業が実施され、一度参加した生徒は先輩のような立場で、他の人を導いたりしていて、興味深い流れの授業が展開できたということでした。

4 特別授業以外の関わり

(1)「WYSH何でも相談」の実施

一週間の訪問期間中、特別授業以外の日は、常に「何でも相談室」を開いて、昼休みや放課後の時間を使って生徒の相談を受けました。前回の訪問の時に、使える部屋がなかったため三年生女子の更衣室の一角をパーテーションで区切って、二年三組の有志生徒と一緒に飾り付けや机などのセッティングをしたのですが(第3章参照)、今回行くと、何とそれは完全に取り払われてしまっていました。O中学校の先生の話では、「何でも相談室コーナー」が何者かに荒らされていたため、毎回使うたびに設置することにしたと言われました。生徒と一緒に一生懸命飾りつけた手作りの空間があっという間に消えてしまいました。しかも、今回は、生徒と一緒に作る時間がなかったため、私たちスタッフとO中学校の一部の先生という大人だけで準備し、一緒に作業をするという大切にしていた部分が実施できませんでした。外部講師ですし、学校の事情もありますので、私にはどうすることもできず、空しい思いをしました。

それでも、希望を募ると、参加したい生徒がかなりいましたので、気を取り直して、参加したい生徒たちを小グループに分けて面談していきました。名称は「WYSH何でも相談室」としましたが、相談というよりも、生徒が来ては他愛もないおしゃべりや近況報告をしていく場のようでした。最初のころと同じメンバーで訪れる生徒もいましたが、一緒に来るメンバーには多少の入れ変わりがあり、生徒の友だちグループの変化がなんとなく垣間見られました。一番驚いたのは、最初かなり騒いでいたグループにいたやんちゃだった生徒がこれまでとまったく違う生徒と一緒に参加し、この仲間のほうが心が安らぐと言っていた点で、以前一緒に騒いでいたチームが少しずつ分かれ始めていること、友だち同士の微妙な力関係が変化しつつあることが感じられました。

(2)「面前プチスタ」の実施

私たちが、O中学校を訪問していない期間は、毎日メールでO中学校からプチスタの答案が届き、それを京都で採点し、赤ペンで丁寧なコメントと軽い一言コミュニケーションをすること（遠隔プチスタ）を続けていましたが（第4章参照）、だんだん答案を提出する生徒が固定化し、毎日きっちり提出する生徒もいれば、一度も参加していない生徒もいたりと個人差が開き始めてい

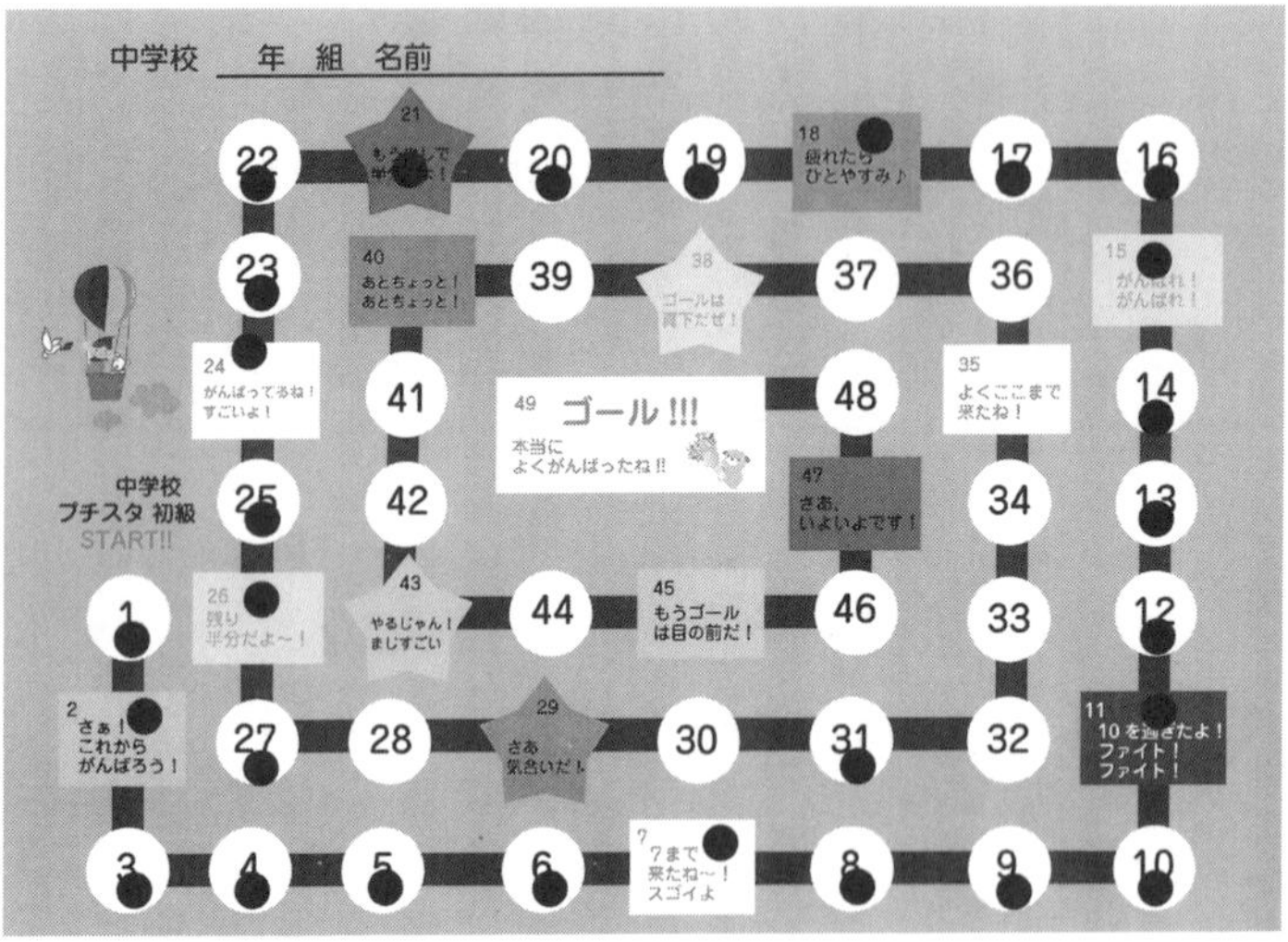

図2　プチスタの進捗状況を示す全体図

（注）中学校名は削除しています。

たため、このO中学校再訪問の機会に、何かこの状況に対する打開策はないものかと考えました。そこで、訪問を前に、一人一人の生徒がプチスタの答案をどこまで提出しているのかをエクセルファイルに入力し、生徒が、「もうここまで来た」、「あと少しだ」などと感じられるように、すごろくのような全体図（図2参照）を作り、そこに生徒一人一人の進捗状況に合わせてシールを貼って「見える化」し、手渡すことにしました。それと同時に今まで参加していなかった生徒にも、プチスタが結構簡単で楽しいことを知ってもらうために、学級活動の時間をもらって、「面前プチスタ」という形で、生徒の目の前で採点し、生徒の表情を見ながらコメントを返す時間としました。

また、その際に、生徒が採点済みの答案をファイルし、どこまで進んだかが自分でもわかるように、全生徒に様々な色のかわいいカラーファイルをプレゼントすることにしました。

こうして「面前プチスタ」を始めました。私は、生徒の面前でニコニコしながら生徒の答案を待ち、生徒が答案を持ってきたら、目の前で説明をしながら、時々は褒めながら進めました。するとどうでしょう。なんとこれまで一度も参加したことのない生徒やめったに参加しなかった生徒も答案に記入し、採点の列に長蛇の列ができてしまったではありませんか。生徒たちの中に潜んでいる可能性の大きさを痛感したひと時でした。ほんのちょっとしたきっかけさえあれば、ちゃんと参加することができるんだ、そのきっかけを用意するのは大人の責任だとあらためて痛感しました。

（3）バースデーカードのサプライズ！

思春期の生徒たちですので、なかなか素直に感情表現ができません。もちろんこちらもそれを百も承知で関わっているのですが、人間ですからとても落ち込むことがあります。滞在予定の最終日、その日は朝から、今回の滞在、関わりそのものが意味があったのか、自分は何をやっているのかと気持ちがとっても沈んでいました。夜もほとんど眠れませんでした。今回の訪問に備えて膨大な時間とエネルギーをかけて授業の準備をし、最善を尽くして授業を実施し、授業以外の時間も私の使える時間はすべて使って、生徒に没頭して接しました。それでも、生徒にも先生方にもこちらの何かが伝わっているという実感がまったく感じられません。私の一人よがりなのか、この学校への関わりはこんな調子で先が開けるのか、まるで、霧の中で人探しをしているような不安な感覚です。もちろん気分はめちゃくちゃ凹みました。それでも今回の滞在の最終日ですので、気を取り直して、でも気分は沈んだまま、今回のO中学校滞在中の最後の「面前プチスタ」の採点を開始しようとしました。そのときでした。クラス委員の女子が何だかあらたまった顔をして近寄ってきました。そして結構大きな封筒を恭しく私に手渡すではありませんか。不思議に思ってその封筒を開けると、なんと、なんとクラスの生徒全員からの寄せ書きのバースデーカード（全生徒からの写真付きのお祝いのメッセージの色紙）でした。この生徒たちからのサプライズには、涙が溢れました。嬉しくて、嬉しくて、声も出ませんでした。京都から遠く離れた場所でこんなに温かな気持ちをもらえるなんて、O中学校二年三組の生徒の皆さん本当にありがとう！

そしてそのきっかけを作ってくださった養護のI先生にも感謝感謝！

第6章　自分から自分への手紙
——最後の授業と関わり

1　最後の授業案を考える
——「WYSHタイムトラベル」：三月六日（五回目の訪問）【第298日目】

（1）授業の目標

いよいよ、二年生も終わります。O中学校の二年三組との関わりも最後に近づきました。この八か月間の関わりに一区切りをつけなければなりません。三年生になるとクラス替えもありますので、今のクラスがバラバラになっても、このWYSH教育で吸収したことを土台にして、羽ばたいて欲しいと考えました。

最後の授業をどのようなものにするか、一生懸命考えました。彼らに贈る最後のWYSHの特別授業です。私は一体、何をしたいのか？　何度も何度も自問自答しました。そして、今回の授業の目標として、頭に浮かんだものはこの二つ。
①これまで（この八か月間）の自分の成長（変化）を知る（過去を振り返る）。
②これから（三年生のとき）の自分は何をしたいのかを考える（未来を考える）。
「過去と未来」を考えて、生徒が心も身体も入り込める授業を！と懸命に智恵を絞りました。たまたま、テレビで、古い昔の映画を再放送していました。「Back to the Future」です。お、これは使えるかも？　この映画は知らなくても、今回のテーマである過去や未来を考えてもらうセッティングとして、そうだ「タイムトラベル」だ！と思いつきました。

「WYSHタイムトラベル」という授業名で、一コマ目は過去にトラベルして、この間の自分の成長を振り返り、二コマ目は未来にトラベルして、これから（近未来、つまり三年生）の自分を考えるというのはどうだろうかと考えたのです。

（2）授業「WYSHタイムトラベル」の構成

授業は以下のように構成することにしました。
①過去へ：「二年生を振り返ってみよう」→授業態度は変化したか？をみんなで議論
②生徒たちが撮った写真を編集した生徒たちへのメッセージビデオ
③未来へ：「三年生の目標を考える」→未来を考え、自分へ手紙を書く
・自分の強み、弱点

・最後の中学生活への決意宣言
・高校の夢（やりたいこと・夢）
・今の自分への一言応援メッセージ
④これからの生徒たちへのＷＹＳＨスタッフからのメッセージ：「自分で立つ！」

タイムトラベルの時計

2　一コマ目の授業
――これまでを振り返ってみよう

この授業は、現在から過去へ（二年生夏休み前）にタイムトラベルし、ＷＹＳＨ教育の関わりの最初から現在に至る「自分」を振り返ってもらう授業で、まず映像を見てもらいました。

（１）映像：タイムトラベル「過去へ！」

〈映像の内容〉
①時計が逆回りして、吸い込まれるように過去に戻っていく映像から入っていく。

②最初の面接のとき（七—八か月前）：先生やクラスに対する生徒の想いを聴いているところ
③一回目の授業のとき（四か月前）：「思春期のこころ学」の授業風景
・イライラ、ムカつきのコントロール方法をみんなで議論・発表している様子
・現在の授業をよくするにはどうしたらいいか自分たちで議論・発表している様子
④二回目の授業のとき（二か月前）：ＷＹＳＨ国語（芥川龍之介「蜜柑」）の授業風景
・難しい文章に挑戦し、理解しようと努めている様子
・小説の登場人物の想いを想像し、自分の日常と比較し、自分の生き方を振り返った感想文

（2）講師からの説明

①プチスタを開始したとき（三か月前）。プチスタは映像にできないのでパワーポイントを使用。
・この間のプチスタ答案提出の状況（グラフ）、延べ参加者総数
・これまでのプチスタ答案の実際のやりとりの事例紹介
・何度も頑張った生徒を褒める
②関わり当初（五か月前）のＷＹＳＨ授業前に調査したアンケート結果から、「授業中の様子が変わって欲しい、変えたい」と願っている生徒が八四％もいたことを再度紹介。
③当時の私から見た二年三組の生徒に対する感想を紹介。

(3) グループワーク：「自分たちが変わったか？」

この振り返り映像を踏まえて、生徒たちに、その後自分たちがどう変わったかを考えるグループワークを行ってもらいました。私が「授業参加」したとき（いわゆる「地獄絵図」状況）から、五か月が経った時点になります。グループワークは次のような順序で行ってもらいました。

①この間、自分たち（二年三組）の授業中の態度が変わったと思うかどうかを、カードで示してもらう（自然に討議に入るために遊び感覚でスタート）。

オレンジとブルーの裏表の厚手のカードを全員分作成し、配布。

・「変わったと思う」生徒は、オレンジのカードを表示。
・「変わらないと思う」生徒は、ブルーのカードを表示。
・「変わったところも、変わらなかったところもあると思う」人は、両面をヒラヒラ。

カードをあげてもらったところ、オレンジのカードが多く、ブルーとヒラヒラも少し見られました。おや、意外とみんな頑張ったのかなと嬉しくなりました。

②各グループで、「変わった」、「変わらない」に分かれて、その理由を付箋に書き出してもらう。

・各付箋には理由を一つずつ書いて、班別の台紙に貼り、似たものに分類する（内容分析）。
・グループ発表

＊「変わらない」、「変わった」についての意見発表の順番は、授業の次の流れも考慮し、「変わらない」の意見を先に、「変わった」の意見を後に発表させました。

＊時間配分の目安：付箋に書く時間七分、発表時間一二分としましたが、そのときの状況に応じて、臨機応変に変更しました。

＊発表は、全員一回ずつ、何回も順番を回して、発言しない生徒がないように**「全員が発表する」**を授業の基本として授業の進め方や発表の工夫をしました。

（4）先生たちから見た生徒の変化（パワーポイントによるメッセージの紹介）

学年主任のM先生、養護教諭のI先生、校長先生の三人からの写真入りのメッセージをパワーポイントに仕立てて、先生方から見たこの間の生徒の変化を生徒たちに伝えました。そしてさらに、外部講師である私が、この間の生徒たちの変化をどう思ったかを伝えました（計五分程度）。この部分のねらいは、生徒自身が自分たちで自分の変化について発表した後で、立場の異なる複数の大人の目から見た生徒の変化を指摘することで、生徒たちに自信をつけさせることにあります。

（5）今の自分たちの映像

次に、一コマ目の授業の最後に、生徒が参加して作成した五分程度の映像を見せました。もともと、このクラスは、二年生四月のクラス替え当時に、「転校したい」と泣きながら先生に訴えたり、保護者同伴で来校し、転校の相談をするほど深刻にこのクラスを嫌っていた生徒が多かった状況でした。それから一年間経った今、当時の状況と比較してもらうために作成した映像で、二年生終了時には、それなりに穏やかで、まとまりのあるクラスになったという証拠の映像を生徒たちに最後に視聴してもらい、視覚的にも自分たちの成長を感じてもらいたいと思って作成したものです。ただし、単に大人の側だけで素材を集めて作成するのではなく、校内清掃や相談室作りと同じように、**「生徒参加型」**で作成しました。

つまり、生徒たちに頼んで、給食時間の風景や、休み時間や放課後、友だちとのツーショットやグループショットなどの多数の写真を送ってもらって、それを素材に、こちらで曲をつけて編集したものです。[1] この映像は、三年生になったらクラス替えでバラバラになってしまう生徒の思い出と、この間の彼らの成長の記録として、全員にダビングしてプレゼントしました。

---

(1)　校内の写真撮影には、以前、授業中に中心的に騒いでいた女子生徒の一人が自分が写真撮影をやってもいいと名乗り出てくれました。しかも、冬場で風邪が流行していた時期で欠席者も多かったのですが、彼女は全員の写真が撮れるまで、根気よく撮影を続け、無事私に送ってくれました。本人は何も言わなかったのですが、後で養護の先生から、その子も最後は熱を出していたのに、無理して登校して写真を撮ってくれたのだそうです。責任感が強く、そしてそれを黙っていたことにさらに驚きました。これこそ、この子の「いいとこ」発見でした。

（6）実際に授業を実施してみて（一コマ目）

生徒たちには、タイムマシンに乗って過去を振り返るという設定の映像をシーン別に何回かに分け、映像だけではわかりにくいところは、私が説明を加えながら見せました。生徒たちは、とても熱心に身を乗り出して見ていました。

そして映像を見た後に、グループワークに入り、自分たちが「変わったか?」、「変わらなかったか?」をまずはカードの色で示してもらいましたが、これは、自分の意見を周囲に示し、また他の人の意見を「目で見る」ことによって、自分の意見に自信を持たせることがねらいでした。

その後、特別なイラストつきのA3サイズの台紙に、どんなところが変わったか、あるいは変わらなかったかを付箋一枚に一つずつ書いて貼り、それを発表してもらいました（ポストイット法）。すでに付箋に書いてあるものを順番に読んでいくだけですので、とても無口な生徒も含めて、「**全員**」が答えることができました。手を上げた生徒だけに指名して答えさせる方法では、おしゃべりな少数の生徒だけが意見を言って終わりという状況になりがちですが、この方法では全員に発言の機会が「**平等に**」保証されるため、全体の雰囲気が盛り上がるという利点があります。これも大切なファシリテーション技法の一つです。

生徒たちは、この間の自分たちのいい変化を報告するとき、少し誇らしげに見えました。それに続いて、パワーポイントで教員からの生徒の変化に対するポジティブなコメントを伝えると、生徒たちはちょっと照れくさそうに、でもとても誇らしげな嬉しそうな表情をしていました。そして最後にみんなが仲間同士やグループで写った写真が出てくる映像を見ながら、一年前には大嫌いだった二年三組の級友への想いが、今はどう変化したのかを映像で見てもらいました。生徒はとっても嬉しそうに、ときに大きな笑い声を立てながら、しかし真剣に、しっかり心に刻み込ませるような表情でビデオを見ていました。

全員が発表するグループワーク

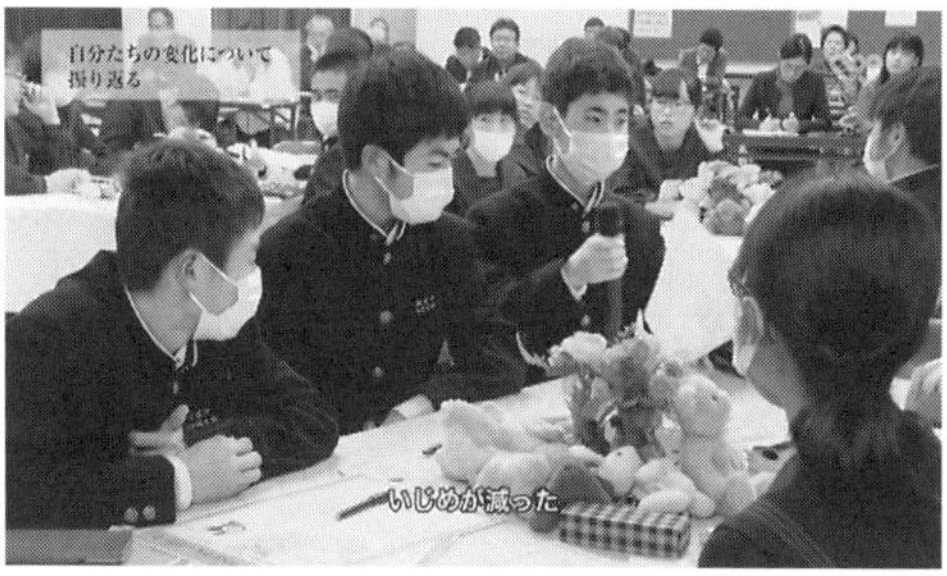

「いじめが減った」と発表する生徒

先生から見た生徒の変化
授業の風景

「プチスタは799回に」

「大嫌いだったクラスが」

「仲良しの仲間になった」
生徒が参加して作った映像

ここで一〇分間の休憩を取りました。さて、いよいよ最後の最後となる二コマ目の授業に入ります。

3　二コマ目の授業――自分への手紙を書こう

(1) 映像：タイムトラベル「未来へ！」

二コマ目は、未来を考える授業です。まず、約一年後の未来の映像を見せました。もちろんタイムマシンでもない限り、生徒たちの映像はありませんので、授業が三月六日だったタイミングを利用して、ちょうど一年後の三月初旬、つまり受験直前を想像してもらうことにしました。映像の素材は、予備校のCM等からの抜粋で、「三者面談」、「単語を暗記しながら通学する風景」、「受験当日の様子」（試験開始の合図とともに試験用紙を表に返し、解答を始める。試験会場にはカリカリという鉛筆の音と自分の心臓の鼓動だけが聞こえるシーン）を使用しました。この映像によって、生徒たちがごく近い未来に迎える現実である、高校入試直前の緊張感を想像・実感してもらうことをねらったのです。

1年後の受験のイメージ（授業のときに見た映像）
© 英進館

（2）個人ワーク・発表

この映像を見た後で、その必ずやってくる未来を垣間見た自分から、現在の自分へ手紙を書いてもらうことを、二コマ目の授業のメインテーマとしました。自分を一番知っている「自分から自分への激励メッセージ」の手紙を書くという設定です。

ただ、このクラスの生徒たちは日頃、文章を書きなれている生徒ではないとO中学校の先生からお聞きしましたので、いきなり文章を書いてもらうのではなく、手紙が書けるように多少工夫を凝らしました。

①便箋・封筒を自分で選んでもらう

手紙を書くことへのモティベーションを高めるために、各種パステルカラー・各種花柄便箋や封筒を多種類準備し、その中から、自分が使いたいものを各生徒に自分で選んでもらいました。

＊「自分で選ぶ」という簡単な行為から、次の段階として「自分で手紙を書く」につなげていくという、少しずつ段階をあげていく「**シェイピング**」の手法をここでも使いました。

②手紙の内容についてのヒントを提供する

漠然と自分に手紙を書くように言われても、何を書いたらいいのかまったく思いつかない生徒もいるだろうと考えられたので、ヒントを提供しました。

・自分の強みと弱点（性格、勉強）

例：【強み】がんばることができる、暗記が得意
　【弱点】長続きしない、長い文章を読むのが苦手
・残りの中学生活をどのように過ごすかについての決意宣言
・どのように弱点を克服するか？
・どのように毎日を送ろうと思うか？

（3）実際に授業を実施してみて（二コマ目）

二コマ目は、一年後の受験直前の様子を想像できるような映像を見せた後で、では、自分たちは、三年生になってどうしたいのか、どうするべきなのかを考えてもらう授業でした。それを人前で発言するのは恥ずかしいし、聞かれたくない内容もあるだろうと考え、「自分から、今の自分への手紙を書く」という特別な設定で授業をしました。これは私たちにとっても初めての試みであり、また、当初、このクラスの生徒たちは文章を書くのが苦手だとの情報もあり、果たして、自分から自分への手紙を書くことができるのか、授業がうまく運ぶのかどうか、まったく自信はなく、誰も手紙を書かず白けた雰囲気になったらどうしようと非常に不安でした。授業の前日もスタッフと夜遅くまで議論しました。これまでの授業から、付箋に一行程度の言葉は書けるのはわかっていましたが、長い文章を書けるのか、しかも自分への激励文が書けるのか皆目見当がつきませんでした。

実際はどうだったでしょう。まず生徒たちは、自分の好きな便箋や封筒を選びました。ここではたくさんの種類から、自分の好きなデザインや色を真剣に選んでいました。その後、「さあ、書いてください」という合図を出しました。するとどうでしょう！　最初のほうこそ、鉛筆を指でクルクル回転させたりして考え込んでいましたが、まるで堰を切ったように、便箋に向かって文字を書き出したのです。それも一人また一人と、周りを見ることもなく、次々に書き始めました。時間が余るのではないかというこちらの予想は完全な杞憂に終わり、「生徒全員」が、本当に無我夢中で鉛筆を走らせ始めたのです。驚くやら嬉しいやら。当初、その中の何人かに発表をしてもらう時間を作ろうかとも考えていましたが、「これは、それぞれが文章を書くことに集中したほうがよい」と判断し、ひたすら、全員が手紙を書きあげるのを待ちました。私の目の前で「一心不乱」に鉛筆を走らせている生徒たちの様子は、約半年ほど前に「地獄絵図」のように授業崩壊していたクラスからはまったく想像できないみごとな静寂と緊張感に包まれていました。そして全員が自分から自分への手紙を無事書き終えることができました。

（4）自分から自分への手紙

こうして書かれた手紙はどの生徒のものも、真剣で生徒たちの成長が見事に感じられるものでした。以下にその一部を、個人名は削除して掲載します。

真剣に自分への手紙を書く生徒たち

本当に自分から自分へ話しかけているような口調で手紙を書いている生徒たち

●●へ（女子）
ね、全然勉強してないやん。
高校行く気あると？
みんな頑張ってるのによ。一人だけ中卒やったら恥ずかしいよ。
「勉強せんと」って思ってるのはいいけど結局やらんやん。
そういう所直さんとね。
残りの中学生活でとにかく勉強頑張れ！
ダリーって思うかもしれんけど後悔したくなかったら毎日やれ〜！
高校になったら……
・体育祭でめっちゃ盛り上がりたい
・友達たくさん作りたい
・青春したい
・看護師になりたいから大学に行けるように毎日勉強する
・番数がビリやったら恥ずかしいから勉強頑張る
とか、やりたいことたっくさんあるよ！
だから、まずは行きたい高校に合格せんとね！

大学に行きたいんだったら高校卒業せんといかんし。

●●!!
勉強、まじダリーよね!?だけど、やりたいことたくさんあるんだから頑張らんと。後で後悔せんように今のうちに勉強頑張れ！

そしてちゃんと自立して一人で生きていけるようにしよ〜!!

●●へ（女子）
ちゃんと勉強してる？

今のままやったら受験落ちるっちゃない？勉強せんでパソコンばっかりしてるし、ちゃんと生活しようよ！わかった？　うん！

中学校の残り一年間は勉強もちゃんとやって、友達とも仲良くしてがんばりながら楽しくやっていこう！

高校受かって、高校行ったら絶対楽しいから！あと積極的になるように努力しようね！

高校になったら……
・勉強をがんばる
・友達といっぱい遊びたい
・ピアノをがんばる

・友達と旅行に行きたい
高校までピアノ続けて結果も残したいね！あと目標は革命を完ペキに弾けるように！

だから絶対に合格して〜！

ちゃんと女の子らしく青春もできたらいいなあー。

とりあえず楽しくいけたらな。海外にも行って英語の勉強もしてみたい！

がんばって!!

自分より

●●へ（女子）
ちゃんと勉強している？

気は抜けてない？ちゃんとしとかないとやばいよ。

行きたい高校があるならがんばるしかないよ。

いつも自分の誘惑に負けてるからだめだよ。

残りの中学生活は悔いの残らないようにいろいろなことを努力し続けることをがんばろう！

　高校になったらやってみたいことは……
・吹奏楽に入ってみたいな
・ちゃんと自立して一人でも生きていけるようにしたい

などたくさんのやりたいことがあるんだよ。そのためには、まず行きたい高校に合格しなくちゃ。人生楽しみたいしね。

―悔いの残らないように一生懸命して人生を楽しもう！―

●●より

自分の弱点を冷静に見つめて、これからどうすべきかを自分で決意し、自分に激励を送っている手紙

●●へ（女子）

今の自分の強みは素直な所、あと、やるときはやる所、弱点は決めたことを実行できないこと、それに数学の点数が極端に低いこと、限られた人にしか心を開かないこと。

中学三年生の決意宣言は、受験のことをいつも意識する！――二年のときよりも授業を積極的に聞いて、自分の力をつける。必ず家庭での学習時間を増やす。まずは環境を作る。

高校になったら、やってみたいことは、今のところない。でも行きたい高校は確実と言っていいほど決まっているから、行くだけで楽しいと思う。普通に新しい友達をつくって、勉強したり遊んでみたい。やってみたい夢は、友達とどこか旅行に行きたい。これはずっと前から思ってたこと。

今は受験のことを意識しているだけで何もしていない。でも今から始めないとぬかされるだけ。将来

苦労しないためにも、今がんばらない？がんばったらいいことがある！そんな気持ちを持って日々を積み重ねる。

●●より

●●へ（女子）

私は、家に帰ってから勉強する習慣がついていません。家に帰ってバックを開けない日もあります。朝、起きてバックを開けて、課題だけを終わらせるっていう毎日を過ごしていて、寝たり、スマホさわったり時間がすごくもったいないと思います。もったいないとは、分っていても、勉強していないのが今現在です。学校では学級委員長をしているけど、授業に集中できていない教科があります。英語の時間眠くなって、授業に集中できなかったりします。学校以外では、ジュニアリーダーをしています。三月は活動が多くて少し疲れているけど、楽しいです。だから高校でもジュニアをしたいです。どこの高校に行くかによりますが、土日に遊び過ぎです。先週は○○ちゃんとカラオケに行きました。楽しかったけど、三連休の最後の日もカラオケに行こうとさそわれました。勉強しなくていいのでしょうか？

残りの中学生活は、二年生は残り一三日、あっという間に二年生が過ぎたので、このようにあっという間に三年生の生活も過ぎると思います。なので、一日一日を大切に過ごしたいです。勉強や授業に集中したいと思います。三年生になっても学級委員長をしたいのかはよくわからないけど、係活動もしっかりしたいと思います。

高校に行ったら、建築のことを学びたいです。□□工業に行きたいと思っています。

ガンバロ

●●より

今の自分へ（男子）

中学二年生も残り二週間ほどとなりました。今のうちに変えておかなければならないことは、「周りを見る」ことと、「ノミの心臓を克服する」ことだと思います。これから受験もあるので、勉強も真面目にしたほうがよいと思います。この三つは将来役立つことです。でも、あなたはとことんやり続けることができる人です。この良いところも伸ばしつつ、悪いところは直していきましょう。高校でも、「やり続ける」ことである。野球はやるかどうかわからないけれど、健康に楽しく過ごしていたいです。あなたは、これからいろいろな苦しいことがあると思いますが、立ち向かって、その苦しみに打ち勝ってください。自分で応援しています。

自分より

今の●●へ（男子）

あなたは、もう少し一日一日を大切に過ごしなさい。毎日が流れるように過ぎていって、何を目標に過ごしていますか？

あなたは、残りの中学校生活で、将来の自分について改めて考え直して、高校に行く目的をもっと考えて、自分の就きたい職業を見つけておけ。

高校でやりたいことは、社会や地域のために貢献することですよね。頑張りなさい。

勉強だけじゃなく、人とのつながりを大切にして、一日一日を大切に過ごしていきなさい。

一五分後の●●より

～今の自分へ～（女子）

あなたはもう少し性格を良くしたほうが良いと思います。そして、受験のために勉強をもう少し真剣にしたほうが良いと思います。友達を大切にして、言葉遣いを直して、今の友達に嫌われないように注意しましょう!!

あともう少し絵が上手くなれるようにいっぱい練習しましょうね!!

高校で良い友達ができるといいですね！あなたはコミュニケーションをとるのが下手くそなので、友達できるように頑張ってください!!

フレー、フレー、わーたーしー

by●●

今の自分へ（男子）

君はめんどくさがりでぜんぜん勉強をしないのでもっと勉強しましょう。そして受験で困らないように今からがんばりましょう。

中学三年になったら、部活だけではなく勉強もがんばり、テストでいい点数を取れるようにがんばっていこう。

そして高校に行ったら、自分の好きな野球で甲子園に出て活躍できるようにがんばっていきましょう。そして、自分の夢であるプロ野球選手になれるようにがんばっていきましょう。何事にも挑戦して、全力でぶつかっていけるようにがんばれ!!

応援しています。

●●へ（女子）

今の自分は性格的にめんどくさがりな部分や勉強するときにもこだわりがあって、細かい部分などがあり、なかなか勉強が進みません。勉強が苦手なので、勉強がはかどらないという事があります。なので、これから（中学三年生）は、特に勉強しようと思ってます。〝めんどくさがる〟ということは簡単だけど、〝入試〟というものは必ずいつかやってくるので、逃げずに頑張ろうと思います！まだあと残り一年はあります。今から勉強を頑張っても、まだ間に合うと思います。今からさっそく後で後悔しないように勉強を頑張っていきたいと思います‼それから高校になったらやってみたいことはたくさんあります。友達をたくさん作って、好きな事をしたり、本当にいろいろとあります！夢はまだわからないけど栄養士です。

頑張れ！自分！！信じてる！！！

●●へ（男子）

自分を見つめてみて、自分の弱点は即断即決ができないことです。問題が二択だったりたくさん出てきたら、迷ってしまってあせってしまうからです。そこを一年後に直しているかというと、たぶんすぐに決められるようになっていると思います。

そして、自分の良い所は、言われたことはやりきるように努力することです。そしたら、こいつは努力するから受け入れようというくらいになりたいです。

中学三年生になったら、塾にも入って、目標の高校へ受かるように勉強していきます。学校から帰って来て、毎日二時間以上勉強をしてどんどん学力を上げていきます。そして、目標の高校に受かって、やりたいことは色々あります。運動だったり、ゲームだったり、勉強だったりたくさんあります。

そして、一年後の自分に『頑張れ、絶対受かるから頑張れ！』と伝えます。

●●より

●●へ（女子）

①自分を見つめよう。

・言いたいことがあってもなかなか言えない。
・おおざっぱで、一生懸命にやるときとやらない時がある。
・口が悪い。
・あきらめてしまうとこ

②中学三年生の決意宣言

もっと何事にも一生懸命取り組んでいこうと思う。あきらめずに問題に立ち向かっていき、良い結果をたくさん残していこうと思う。勉強では、プリントでわからないところがあってもとりあえず解いてみる。部活では（引退まで）もっとたくさん活躍できるように一つ一つ手を入れて練習する。家でも宅習以外にも勉強したり、力をつけるためにトレーニングをしたりする。

③高校になったらやってみたいこと・夢

いろいろなことに挑戦する。部活もバレー部に入るかどうかは決めてないから、そのままバレー部に入るか、他の部活（スポーツ）に挑戦するか決めていく。他のこともやってみたい……。いろいろな人としゃべって仲良くなって、高校ではもっと明るく楽しい生活をしたい。協力・助け合いのできる仲間がほしい。人の役に立てるようになりたい。将来は自分の好きな事を生かした仕事をしてみたい。

④自分への一言応援メッセージ

何事にも一生懸命取り組むこと！あきらめない。

受験に失敗しないようにしっかり勉強する。

あとは、やりたいことをやる！！！

積極的に取り組む、自分にきびしく、自信を持って！

●●より

●●へ（女子）

今の〝●●〟の弱点は、努力をしないで諦めているところだと思う。テストでも、前日しか勉強せずにテストに挑んでいるのは君の悪いところ。他にも部活で努力してないのに、自分にとってダメな結果だとすぐに悔やむだけで、その後に行動に移さないところ。色々ある。それとは反対に、君の強みとなっているところは、笑顔がない日がないところ。君の良い所はそういうところだと私は思う。

そんな〝●●〟に中学三年生になったら思うこと。例えば、「勉強せんとテスト（受験）がヤバイ!!」と思ったら、すぐに行動に移してほしい。これは、私、●●からのお願いでもある。また高校生になったら、中学のときにできなかったこと、勉強もそうだが、その他でも、もっと遊びたかったー!!って思っていたなら、高校になったらたくさん遊んで欲しい。

〜自分へのメッセージ〜
・もっと努力をしてください。
・勉強をしっかりして、テストで良い番数を取ってください。
・あと、もっと遊んでください。

●●より

●●へ（男子）

俺は、何事も始めるのは遅いし、中途半端だから、一瞬でも「〇〇やんなきゃ」と思ったら、すぐに始めろ。それに、怠け者で、すぐに寝ちゃうから、なるべく早い時間にいろいろやれ（マンガがほどほどに）。俺は、今は勉強で数学がダメダメだから、三年になるまでに得意にする。そして三年では、国英数をてっていしてテストで点数を今より数学は五〇―六〇点、国・英は一〇点あげる。

高校では、しっかり将来の夢を決めて、好きな事に打ちこみたい。留学もしてみたい。部活は何をするか決めてないけど、コンピューターの勉強もしてみたい。もちろん勉強もする。大学に行くかわかんないけど、とにかく一生懸命に好きな事も嫌いなことも頑張れ！

「大変かもしれないが、将来目指して、俺らしくがんばれ!!」

●●より

今の自分へ（男子）

今のあなたは何をしていますか？親の言うことをちゃんと聞いていますか？

一年前の僕は、テストがあった日と前日の日はテスト勉強しないでずっと遊んでいました。そして、テストが返されても親に成績表を見せないで、ずっと「返されていない」と親に嘘をついていました。

受験がある日には、「ちゃんと受験勉強しとけばよかった」とこうかいすると思います。

あなたは、高校に入ったら何をしていますか。好きな部活に入っていますか。そして必ず、先生の言うことを聞いてください。

そして、最後に一言

　なにもかもがんばれ。

●●より

今の自分へ送る思い（男子）

中学二年生の生活ももうすぐ最後になってきました。まだ、勉強がダメダメだから今のうちに勉強して立派な三年生になって下さい。友達を大切にしてください。学校の規則や家での決まりをきちんと守ってください。まだ、彼女がいないから早く彼女を作って楽しく充実した三年生の生活を送ってください。これから三年生になるにつれて、受験に向けてがんばってほしいです。そして彼女じゃなくても「○○○」さんを大切にしてください。そして、今も友達でありながら大親友の「□□　△△」君を大切にして、しっかり勉強して、高校までに、「〇〇〇」さんと付き合えるといいなあと思います。君の教科の弱点はおもに数学です。もし、数学ができれば、国語は問題をよく読んで、社会と理科は暗記で、英語はまあまあできているので、今からでも遅くないので、数学を含むこの五教科をがんばってください。今も自分にできることがあると思います。家でのお手伝いや困っている人がいれば助けてあげてください。友達は大事にして、これからの最後の二年生の生活をクラスみんなで充実させ、立派な三年生になって、三年生でも友達を思い大切にしてください、がんばれ　ファイト!!

授業中に特に騒いでいた生徒たちの手紙

[redacted]へ（男子）

今の自分は、何事にも全力で取り組めず、勉強にも部活にしても全力でしていないと思います。高校受験が一年後で今の自分はまだまだがんばりがたりないと思います。もうすぐ僕は三年生になります。今、二年生、僕は勉強をしっかりしてわかるようにして三年生に上がりたいと思います。僕は工業系の高校に進学し、将来、建築士になりたいと思っています。まずは高校に行き、将来のことについてもっと勉強していきたいです。高校受験が一年後。六月には中体連もあり、最後の大会です。中学校生活最後の試合です。今までの練習をすべて出し切り、がんばりたいです。部活が終わると、高校に向けて勉強しなければなりません。つかれても負けない自分に強くなり、もっといい高校生活、そして大人になって幸せになれるように、がんばりたいです。まずは、高校進学を目指して、これからがんばってください。二年生の段階で悪い所もたくさんあるので、そこを二年生のうちになおし三年生になりたいです。がんばってください。

●●より

●●へ（男子）

①今の〝君〟の弱点は自分にストイック厳しくなれないこと。すぐに諦めるところ。勉強でも考えようとせず、すぐに答えを求めようとするところ。テニスでも同じ。だから、県トップになれなかったり、年下に負けたりするんだ。これから県トップになったり学力ＵＰさせるためには、自分にストイックになること。自分の弱点を認めること。やるべきことを先にすること。この三つを意識してテニス、受験に向かえ!!

②中三に向かって、まず真っ先にある大事なことは、夏の中体連。これで優勝するために日々の練習をムダにせず強い人にどんどん挑め!!　それから毎日筋トレ、体幹、柔軟すること!!　これだけ一生懸命すれば必ず自信はつく!!

③高校になったら絶対インターハイ出場するぞ!!

④一言メッセージ

・中三の〝君〟へ：絶対中体連優勝!!　そのために、日々テニスのことだけ考えろ!!
・（少し息抜きも必要だけど、やることをやってから!!）
・高校の〝君〟へ：インハイに出場するためにがむしゃらになって練習しろ!!
・（彼女なんかつくってる暇はねーぞ!!）
・大学の〝君〟へ：海外でがんばっているかもしれないし、英語がペラペラになってるかもね!?

●●ちゃんへ（女子）

今の私は、授業中の態度や私語、言葉遣いがすごく悪い。好きな授業は自分から進んで発表したりするけど、嫌いな授業は〝しらない〟感じで態度が悪くなっています。

一年後たった今、このままだと高校にも行けないくらいなので、きちんとなおして一個一個の授業を大事にしていきたい。先生に注意されても、自分が悪かった事をうけ止めて褒められる人になりたい。

高校になったら、将来自分がつきたい仕事につけるようにまじめになる！

夢は保育士か美容師になる事が夢!!

――自分に一言――

夏の中体連が終わってから勉強をはじめるのは遅くないけど、今のうちから少しずつ出来るように家に帰ってからの家庭学習をもっと頑張る。

先生からまだまだ怒られる事があるかもしれないけど、めげずにがんばって、最高の中学生活を送れるようにする！！！！！！
（担任の先生に成長させた自分を見せる！）

●●より

●●へ（女子）

今の自分はすぐにあきらめてしまうくせがあるから勉強に集中できるようにがんばりたいと思っています。そのせいでテストが悪いのに、先生にあたっている自分がなさけないと思います。性格で良い所はそのままで悪いところは改善してがんばっていきたいです。

三年生になってがんばらないといけないことは、勉強もそうだけど、たくさんの仲間との時間を大切にしていきたいと思います。三年生でたくさんのきずなを深めて離れても思い出が消えないようにがんばりたいです。勉強は人に聞いてたくさん学べることはしっかり学びたいと思います。分らないことを分るようにしてがんばりたいです。

高校になったら、しょうらい自分がしたいことに向けてがんばりたいです。しょうらいのためにたくさんのことに挑戦してかべにぶつかってもめげない力をつけていきたいです。もし、めげそうになったら、友達にそうだんしたいです。

自分に一言言うなら、自分が今までくろうしたことをずっと覚えてて、つらい時には今まで支えてくれた人のことを思い出したり、そうだんしたりしてのりこえられたらいいと思います。しょうらいのために、自分がくろうしないようにがんばることをがんばりたいです。

●●より

●●へ（男子）

　今の自分はいろいろな事をめんどくさがり、途中であきらめてしまう悪いところがあります。けど、明るい性格で良いところもあります。良い所は、これからも伸ばして悪い所は改善していきたいです。

　僕は□□高校の△△科に行くつもりです。自分の将来の夢は建築関係の仕事につきたいと思っています。そのためには、いろんな事をやりとげ、あきらめないようにがんばりたいと思います。高校に行くためには、今からちゃんと勉強していろいろな事にチャレンジし、あきらめない心を持ち、夢を叶えたいです。

　なので、残りの中学生活をがんばり、くいの残らないように生活したいです。夢を叶えるためにいろんな事にチャレンジし、がんばってください。

そして、夢を叶えてください。

●●より

●●へ（男子）

自分の弱いところは勉強をしようとしないところです。自分のいいところは何事にもちょうせんするところ。中学三年になってもいまの性格で（明るいところ）がんばって!!

高校になってもすることないな～

「がんばれ自分」

●●より

今の自分へ（女子）

私は性格も良くないし、人に迷惑かけてばかりで、いつかは友達にきらわれるよ。○○ちゃんや、□□はやさしいから友達でいてくれてるけど、心の中できらわれていたらどうするの？本当にゼロになるよ。勉強も授業もまじめにしないとリアルに高校に行けないし、今どのくらい下にいるかも分らないと塾に行っててうかれてたらだめだと思う。

高校に行ってやりたいことは、ギターです。今以上に上手になって、音響さんになりたいよ。高校卒業できたらメイドさんになれるかもじゃん！かわいいかわいいメイドさんだよ！いいよね～！将来のためにも自分のためにもがんばろうね！

Go Go DEMPA!

Go Go 自分！

[redacted]より

今の自分へ（女子）

私はたぶん要領が良いと思うので、いろいろ挑戦してみても良いと思います。ただ腹黒いところがあるのと、○○ちゃんに嫌われるかもしれないので、そこを直して素直な人になりましょう。あと、悪口を人に向かって言うのも、○○ちゃんに嫌われないためにもやめましょう。じゃないとすぐ嫌われますよ。

　受験のとき、あんまり勉強しないでもいいように、勉強は今からコツコツしよう!!高校になったら、外国に行ってみたいから英語を中心に勉強しよう！

[redacted]ならできるはず!!絶対に。

By　[redacted]

今の自分から未来の自分へ手紙を書いている生徒

●●へ（一年後の自分への手紙）（女子）

私は自分の行きたい高校に行けてますか?勉強はぜんぜんできないし、友達をつくることも苦手だけど、高校生活はうまくいってますか?
今は、寮に入ろうと思っていますが、実際の自分はどうですか?
私は今、中学校生活の残り一ヶ月ぐらいを一生懸命すごそうと思います。そして受験勉強をしっかりしようと思います。

私は、高校になったら将来の夢まであと少しなので、悔いの残らないように、自分のできる事を一生懸命したいと思います。自分のなりたかった自分になりたいと思います。高校になったら、中学校生活で失敗したことをくり返さないためにも、考えて行動し、周りの人にめいわくをかけないように成長したいと思います。

これからもつらい事がたくさんあってなげだしそうになると思うけど、一人でかかえこまず、家族や友人にたよってほしいです。何があってもあきらめずがんばってください。応援しています。

●●より

●●●へ（女子）

高校はちゃんと受かってますかー？

バレーでガンガン目立ってますかー？

もし県選に選ばれなくても高校でもバレーだけは続けてね!!

うちは嫌なことがあっても寝たらすぐ忘れるから、嫌なことがあったらそれを引きずらないように頑張ってね!!

残りの中学生活は、今まで部活のことしか頭になかったから、残りは勉強にメッチャ集中する!!

高校は●●に入ってますかー？

高校生になったら、友達もたくさんつくりたい!!

ちゃんとバレー部にも入って春高にも行く！

今、めっちゃ字が汚いけど高校生になったら可愛い字になってるかも!!（笑）

高校のバレーはめっちゃ厳しいけど負けずに頑張って!!

日本のリベロになってね!!

By 中二の●●より

●●へ（女子）（一年後の自分への手紙）

私はすぐ緊張するので、面接では、その緊張を味方につけられるようになりたいです。勉強は、今はとりあえず悪くはないと思うから、この調子で、いろんなことを頑張ろうと思います。私は与えられたことしかしようとしないので、三年生では、自分の興味のあることには、全部挑戦してみようと思います。

最近では、オペラをきっかけに、ドイツ語を学ぼうとしています！日常会話くらいは話せるようになりたいです。

高校生になったら、具体的な夢を見つけたいです。あと、色んなことを学びたいです。充実した高校生活を送りたいです。その中で、生涯をともにできる友人が見つかったらいいなと思います。

今、私は受験をするころだと思いますが、自分を信じて、堂々と頑張ってください。

●●より

一年後の自分へ（男子）

今の自分は文系が苦手で、生活習慣が乱れているが、一年後の自分はどうだろうか？しっかり苦手を克服して勉強できる環境が整っていますか？今、この手紙を見ている自分はおそらく慣れない経験だから緊張していると思います。書いている側も高校に受かるか心配で緊張しています。でも僕はそういう状況こそ乗り越えてきました。自分の能力に自信を持って思いっきりぶつかってください!!

ところで、高校になってやりたいことは今と変わらず学校生活を満喫することですが、わずか三年という短い期間だし、一年間があっという間に感じるはずなので、一年前の自分が何をしたかったのかを思い出して生活を送ってほしいです。また、将来の夢は薬剤師になることについて変わりはありましたか？一年前の自分は数学で四〇点代をとったことがありましたが、ちゃんと苦手分野の証明や図形は克服できていますか？今凄く心配しています。せめて七割以上は絶対にとるように努力して下さい!!かなりプレッシャーをかけますが、志望校に受からなかったら本当に後がないので頑張ってください！

一年前の自分より

これらが、当初、「ロックコンサート」のような大音響で授業を崩壊させ、先生方を途方に暮れさせていた生徒たちが書いた手紙です。文章には幼い部分もありますが、自分の将来の夢、高校進学の夢を持ち、そのために自分が今しなければならないことが痛いほどわかっていながら、それができていない自分へのもどかしさを感じ、それでも前に進もうとけなげに自分を励ましています。驚くことに、家庭を含め厳しい環境に晒されてきた生徒たちも、どこにも、問題を家庭や学校のせいにしようとする言葉はありません。これほどの手紙を自分自身に向かって書けるとは、七か月前の彼らの状況からは想像もつかないことでした。この手紙を私はこれまで何度も何度も読み返しましたが、その度に涙を禁じえません。そして読むたびに、こうした彼らの内面を大人と子どもが共有し、大人がそれを支えれば、どれほど子どもたちは救われるだろうかと痛感させられます。

第7章　生徒たちの変化

1　この間の生徒の変化（WYSH教育前後のアンケート比較より）

生徒自身の手紙からも、生徒たちがこの間大きく成長したことが感じられますが、これだけではなく、その変化を客観的にも測定してみました。私たちが、関わりはじめた最初の時期（九月）に行った（第2章1節参照）のと、ほぼ同じアンケートを最後（三月）にも実施し、関わり前と関わり後の比較を行ってみました（問1・問2は五件法、問3〜問6は四件法で回答を求めました）。

〈アンケートの主な質問項目〉

問1―1　学校は楽しいですか？
―2　クラスは好きですか？
―3　部活は好きですか？
―4　友だちと一緒にいるのは楽しいですか？

―5　家庭は楽しいですか？
―6　家族は好きですか？
問2―1　友だちとうまくいかないことがありますか？
―2　先生とうまくいかないことがありますか？
―3　家族とうまくいかないことがありますか？
―4　授業は好きですか？
―5　自分が努力していると感じることがありますか？
―6　自分が誰かの役に立っていると感じることがありますか？
問3　自尊感尺度（自己評価・自己受容）に関する質問八問
問4　自尊感尺度（関係の中での自己）に関する質問七問
問5　自尊感尺度（自己主張・自己決定）に関する質問七問
問6―1　どれくらい勉強をがんばろうと思いますか？
―2　どれくらい部活や習い事、趣味をがんばろうと思いますか？

上記の質問の中で、特に変化の大きかったものを示します。

①学校は楽しいですか？
「とても楽しいと思う」四四・四％→五七・一％（一二・七％増）

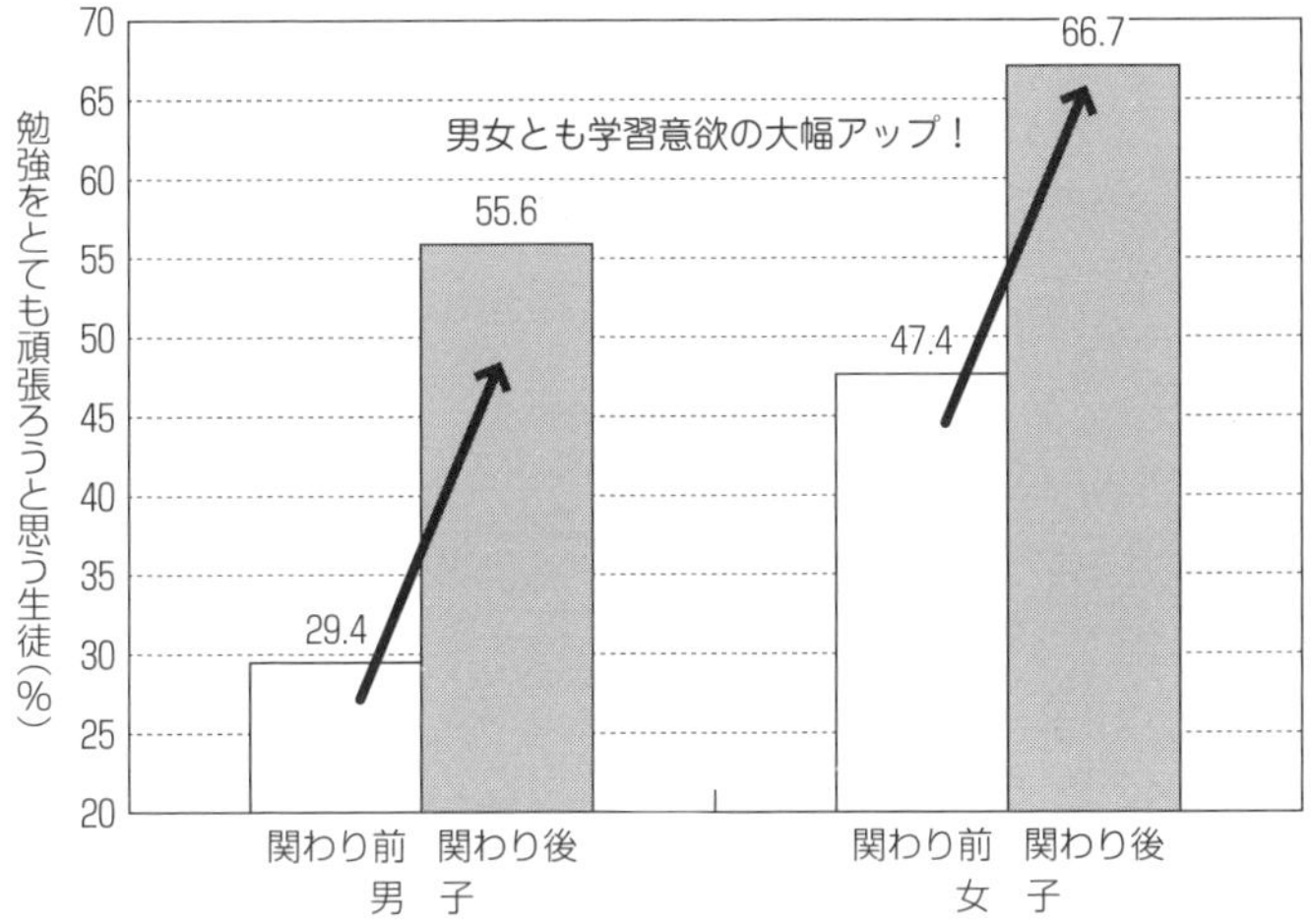

図3　学習意欲の変化

②クラスは好きですか？

「とてもそう思う」三六・一％→四二・九％（六・八％増）

③どれくらい勉強をがんばろうと思いますか？

「とても頑張ろうと思う」三八・九％→六二・九％（二四％増：統計学的有意）

この結果から、二年生の一学期当初、大嫌いだと思っていたクラスや学校に対して肯定的な生徒が増加した傾向が観察されました。特に驚いたのは、学習意欲が数値でも顕著に増加していた点でした。このように、この間の生徒の肯定的な変化が生徒の感想文や手紙の言葉や日常の生活態度のみならず、アンケート結果という数値的な指標からも明らかになりました（図3）。

2　校長先生からの手紙

第6章で紹介した直接的なかかわりである最後の授業から、ちょうど一年後の三月六日に〇中学校の校長先生からこんなお手紙が届きました（原文のまま）。


昨年度から二年間にわたり、大変お世話になりました。

子ども達は、昨年度の状況からは想像もできないくらいに、落ち着いて学校生活を送ることができました。特に、旧二年三組の子ども達は、全く生徒指導上の問題もなく、その変容ぶりに驚いています。あの子達も、本日までに受験の全ての日程を終え、一六日に卒業します。

木原先生、そして京都大学の学生の皆様には大変お世話になり、心より感謝申し上げます。今後もさまざまな機会をとらえて子どもの声に耳を傾けながら、子どものよさを伸ばしていけるような教育実践を心掛けていきたいと思っております。

ありがとうございました。


二年三組の生徒との直接の関わりはその年度末で終了しましたが、彼らが三年生になった年から一年間、彼らの属する学年の全生徒に（クラス替えがあったので旧二年三組の生徒だけに絞れなかったため）WYSHプチスタ赤ペンプロジェクト（第4章参照）を継続しました。ただ、一学年一六六人でしたので、私だけでは対応できず、京都大学の医学部の学生有志がボランティアで採点を手伝ってくれ、私と一緒に彼らとの間接的関わりを続けてくれました。

3　養護の先生へのインタビュー——生徒たちはどう変わったか？

O中学校の二年三組には、夏休み前から二年生の終わりの三月まで、何度もO中学校を訪問してWYSH特別授業、何でも相談、学校大掃除など本当に様々な角度から集中的に関わって、その後、生徒たちが三年生になってからの一年間はプチスタ赤ペンプロジェクトで遠隔的な関わりを続けました。

本書を執筆するにあたって、その関わりの最後、つまり生徒の卒業間際の時期（三月半ば）にO中学校のI先生の目から見た生徒たちの変化や日常を回想していただきました。元二年三組の二年次の関わりが終わった時点で、元担任の先生や、その学年の何人かの先生方は異動になったり、他学年の担当になったりする中で、二年間継続して二年三組の生徒と接することができた先生がI先生でした。I先生は、O中学校の養護の先生で、生徒たちは困ったことが起こると、よく保健室に相談に行きますので、そういう点からも生徒たちの全体像を見ている先生だと思い、お忙しい中、お話を聞かせていただきました。

WYSH授業で「吹っ切れた」、「自分は自分でいい」

木　原　I先生、二年三組には色んな生徒がいましたが、その中でも特に印象的だった生徒について何人かの様子を教えていただけますでしょうか？

I先生　静かな子ですけど、「何でも相談室」を作るときにも手伝ってた子ですよ。私が一番印象的だったのが、木原先生の一回目のWYSH授業（第3章参照）を受けた直後に、保健室に来て真っ赤な顔して興奮して言ってたことなんですけど、「よかったあーーー。」って。

木　原　何がよかったんでしょうか？

I先生　なんか最初の授業で、これまでの自分のわだかまりというかこだわりが吹っ切れたって感じがしましたね。その子が「なんかすごい（胸に）落ちたあー。自分は自分でいいんだあー。」って。とっても嬉しそうな顔してましたね。その表情がすごく印象的でした。

木　原　その子はその後はどうですか？

I先生　三年生になってからも、おだやかーにしてますよ。昔は（二年生の最初は）友だちに気を使ってましたけど、最近は、見るといつも笑顔。すごいニコニコですよ。昔のオドオドした感じはなくなって。お友だちと一緒にいても、自分の気持ちを無理やり抑えるんじゃなくて、自然に人の気持ちにより添えてるなあって感じます。そのままの自分を受け入れられて、自信がついたんでしょうか、部活も頑張って、そのあと受験勉強に入っても友だちに引っ張られることはなくなって、いつもニコニコして、しっかりできるようになりましたね。

人に流されず勉強を始める

木　原　他に印象的だった生徒はいましたか？

Ｉ先生　元二年三組の中で、一番変わったのはAですね。二年生の最初のころは、取り組みの姿勢もよくなかったんですよ。授業をまぜくる（妨害する）っていうか。邪魔するっていうか。それがですね、今は、まったく別人ですよ。信じられないくらい別人なんですよ。

木　原　どんな風に別人なんですか？

Ｉ先生　なんか進学に向かう気持ちもできて、特に、年を越してから、「はげまし隊」っているじゃないですか（「はげまし隊」とは地域の元先生や保護者でO中学校の生徒の学習支援をしてくださっている方々のこと）。その「はげまし隊」のNさんっていう人から言われたんですけど、「Aが毎日、勉強に来てるよー。」（校内のＰＴＡ会館で「はげまし隊」の方が勉強を見ている）って。「自分から積極的に勉強を見てもらってる。」って。

木　原　すごいですね。友だちの多いAちゃんだから友だちと一緒に行くんですか？

I先生　それがですね。先生。今、Aは三年生になって一緒にいる友だちが三人いるんですよ。その三人とは一緒に行かないで、一人で勉強に行くんですよ。ふつう、つるんで一緒に行くじゃないですか。それをしないで、一人で行けるんですよ。

木　原　へええ。そうですか。どうしてそうなったんですかね。

I先生　なんていうか、目標をしっかり持ててるから、周囲の友だちに流されたりしないで。あの子商業高校を希望してるんですよ。お金のこととかもあって、私立を受験していない。公立一本勝負で挑戦。だから努力しなくちゃって。目標がすごくしっかりしてるから、自分で勉強しなくちゃいけないって言うんですよ。すごいと思いませんか？

木　原　すごすぎて昔のAちゃんからは想像つきませんね。どうしてこんなに変わったんですかね？

ほんとの自分を素直に出せる、人の気持ちに共感できる、けじめがつく

木　原　Aちゃんについて、勉強以外の面はどうでしょうか？

I先生　勉強以外のことではですねえ。結構、話してくるようになったというか、それも素の話（本音の話）をですね。

木　原　本音の話っていうとどのような話でしょうか？

Ｉ先生　Ａは彼氏とひっついたり、はなれたりするんですよ。彼氏が女々しくてＡが振り回されてるっていう感じでしょうか。そんな自分の好きな人の話をするんですよ。私に。「先生はどう思う？」とか聞いてきたり……。

木　原　それはすごいですね。そんな個人的なことを言うんですねえ。そんなときに、Ｉ先生はどんな対応をなさるんですか？

Ｉ先生　彼氏の話をしてて、私が「先生はこうおもうっちゃけど。」とか言うと、Ａが「先生の考えわかるわかるう。」、「一緒一緒。」、「先生、私もその考えー。」とか言うんですよ。信じられませんよね。昔のＡだったら。今は、人の心にも共感できるようになりましたねえ。

木　原　へええ。そうですか。すごいですね。そんな話を長々とするんですか？

Ｉ先生　それがですね。これもまたすごいんですよ。例えば、一生懸命彼氏の話とかしてるときにチャイム（昼休み終了の）が鳴るじゃないですか？　昔のＡやったら、「えええー、まだ話続けたかー。」とか文句言ってたじゃないですか。それが今は、「次の授業に行きます。」って自分で言えるようになった。あの子にとってはものすごい変化。自分で時間のけじめもつけられるようになりましたねえ。

木　原　それはすごい成長ですねえ。

I先生　Aについてはもっとあるんですよ。私の部屋に来て、ちゃんとこっちの都合も聞けるようになったんですよ。「今日、先生話していい。」って。私が「今は忙しいから後でね。」とか言うと、ちゃんと理解できるんですよ。以前だったら、ぶちぶち怒りながら、帰ってたんですよね。「先生に話聞いてもらえんかったから、腹立って、気分の悪かー。」とか言って。いつも「先生が悪い。」とか言って、人のせいにしてたのに、今は人のせいにしなくなりましたねえ。

木　原　彼女はほんとはとってもいい子だったんですね。ほんとは……。

I先生　ほんとにそう思います。大人次第でしょうねえ。こちらが心を開いて接すれば、あの子は理解できる、話をちゃんと聞いてくれる人には心を開いてくれるようになったって思うんですよ。

木　原　よかったですね。

I先生　たぶん木原先生から関わってもらったときに、真剣に話聴いてもらって、心開いて、子どもってそんなのわかるじゃないですか。感じるじゃないですか。その信じられるものが土台になって変わっていったんじゃあないでしょうか。

先生からの注意も素直に受け止められる、周囲に引きずられない

木　原　その状態は三年生になってからもずっと続いているんですか？

Ｉ先生　はい。もちろん、時々は、授業してる先生には反抗したり、いらんことをしたりすることもあるんですよ。そんなときに、私がバシッと言うんですよ。「それおかしかよ。」って。「先生間違ったこと言ってないよね。」って結構バシッと言うんですよ。

木　原　そんな注意には腹を立てないんですか？　Ａちゃんめちゃくちゃ短気だったような記憶がありますけど……。

Ｉ先生　そうですよ。いつも腹立ててばっかりでしたよ。その気の短いＡが、そんな私の言葉を腹を立てずにちゃんと聞けるようになってきたんですよね。昔だったら、先生の悪口や不平不満をずっと言ってましたよ。それが、私が話して、「それ違うっちゃない？　そんな人のせいにばっかりしてもー。おかしくない？」って言ったら、ちゃんとこっちの言うこと素直に聞けるようになったんですよね。

木　原　昔の彼女の様子からは、想像もつきませんねえ。

Ｉ先生　Ａは、三年の終わりになればなるほど問題起こすこともなかったですからね。たぶん、元三組の中で一番成長したのは、Ａかな？　会う機会が多いからかもしれないんですけど、とにかくかわいいんですよ。

木　原　へえー。どんな感じですか？

Ｉ先生　昨日も「先生、卒業式出るっちゃろ？」って聞いてくるんですよ。「出たいと思ってるけど、そんときに具合の悪い子とかいたら出れんかもしれんけど。」って答えたら、

「出てほしいー。先生卒業式に絶対出てほしかー。」って言うんですよ。自分の素直な思いを言えるようになったんですよ。そのまま出せるようになったんですよ。素直に気持ちを言えるようになりましたね。

木　原　周囲の生徒から引きずられて、以前の彼女に戻ったりはしないんですか。

Ｉ先生　それもありませんねえ。今の三年生のクラスにも授業をまぜくってる（妨害している）男子がいるんですけど、Ａは「男子が授業をまぜくっちゃるっちゃー」と私に言うだけで、自分も同調して騒いだりは絶対しなくなりましたね。以前の二年生の最初の頃だったら、例えば、健康診断で騒いで、まぜくり返す真ん中にいたのがＡでしたからね。こっちが注意すると、向こうもめちゃくちゃ文句を言い返してきてましたからね。それも必ず人のせいにして……「騒いでるの、私だけじゃない。何で私だけ怒るとー。」って。先生とぶつかると、先生のせい。友だち同士でぶつかると友だちのせい、いっつも「私だけじゃない。向こうが悪かとにー。」って言ってましたね。それが今はそんなことはなくなりましたね。信じられないくらいに……。

木　原　どうも、たくさん教えていただきありがとうございました。女子の事例を二人教えていただきましたが、男子で印象的だった生徒はいませんか？

Ｉ先生　私が印象的だったのは、二人いますね。

明るく素敵な笑顔に。授業態度もよくなり、希望校に推薦合格

I先生　まず、S君。結果から言いますけど、推薦入試で工業高校の情報技術科に、●●で一番レベルの高い工業高校を希望して、そして推薦で合格してるんですよ。S君すごいんですよ。

木　原　よかったですねえ。S君どうすごいんですか？

I先生　昨日のWYSHの性教育のときも一生懸命聞いてくれて、だから私授業してるときに、S君に癒されながら話をしましたよ。とにかく授業態度がいい。そして三年生になって明るくなって、自分から、「おはようございまーす。」って、ニコニコーってして……。口数は今も少なくて静かな生徒ですけど、挨拶がなんか素敵にできるっていうか、すれ違うときに笑顔ができるようになったんですよ。それがそのまんま授業態度にも出てるんでしょうね。

木　原　他の先生の授業のときはどうなんでしょうかね？

I先生　学担のF先生によると、「どの授業でもそうですよー（授業態度がいい）。」って。だから、当然、最初から推薦にも通ってましたもんね。すごいですよ。家庭的にかなり厳しいんですけど、頑張れるようになりましたね。明るさも出たし……。昔はうつむき加減だったのが、ほんとに明るくなって……。この調子で高校も頑張って、そこからきっといいとこに就職とかもっともっと頑張れそうな感じがしますよ。

今の彼を見てたら……ほんとに嬉しいです。

木　原　それを聞いて私もすごく嬉しいです。私もO中学校を訪問するたびに、回数を重ねる毎に、目の前で彼の様子が見事に変わってほんとに嬉しかったですから……。それが三年生になっても続いてたなんてそんな嬉しいことはありませんね。S君以外の生徒はどうですか？

明るく素敵な笑顔に。目標を持って頑張り、希望校に推薦合格

I先生　Y君もすごかったんですよ。S君と仲良かったじゃないですか。二人で頑張ったっていうか、二年生の頑張りの成果がそのまま出て。Y君もS君と一緒で恥ずかしがりやじゃないですか。しゃべらないけど、ニコニコっとしてるっていうか、笑顔がよくなりましたよ。すれちがったときに、笑顔ができる子になりましたね。だからこそ、目標の[redacted]高校の推薦にも通って、合格できた。

木　原　よかったですねえ。すごく嬉しいですね。あの二人、私の最後の何でも相談のときに、ノートを持ってやってきて、これから木原先生と会えなくなっても、勉強を頑張り続ける方法を教えてくださいって来たんですよ。もうびっくりでした。

I先生　その二年生のときの貯金でしょうかね。二年生のときに、木原先生と接して、プチスタとかしてもらって、これから目標に向かっていこうって思ったんでしょうね。そ

のときの成果というか、頑張れば、力がつくってことがわかったんじゃないでしょうかね。だからその後もコツコツと続けられたと思いますよ。推薦の合格はそのご褒美でしょうね。内定をもらった後は、ゆったりそのご褒美をかみ締めているみたいでしたよ。

木　原　では、最後に、生徒一人一人でなく元二年三組のクラス全体として見たら、どうでしたでしょうか？

二年三組全体――「かまってもらって」落ち着いた！

Ｉ先生　そうですね。今三年生では、元二年三組だった子が、私のひいき目かもしれませんが、今はすごく落ち着いてるんですよ。

木　原　私は最も大変だと言われた三組にしか関わっていないので、あの学年全体の様子がわからないのですが、あの学年の特徴は先生からご覧になってどうですか？

Ｉ先生　今の三年生の学年は特にすごいんですよ。三七年間の教員生活の中で一番すごいって私は思ってます。例えば、私のことが嫌いになったって言って、保健室の入り口に置いてる私のスリッパを隠すんですよ。愉快犯ですね。例えば、スリッパを隠す。ＡＥＤをつけてビービー鳴らす。鳴らしたら、それをはたで見ていて「俺がやった。」って言って喜んでる。まあ、非常に精神年齢が幼いという気もしますが……。

木　原　そうですか。どうしてそうなんでしょうかねえ？

Ｉ先生　逆を返せば、「かまって欲しい」んですかね？　だからそういうことするんかなって。ＡＥＤを二学期だけで一〇回鳴らしたんですよ。こんな学年はじめて！

そんな中で、三年生になってからは、元二年三組の子たちはこんなことはしてないんですね。去年、二年生の一学期の頃は二年三組が一番大変でしたけど、だから木原先生に関わって欲しいってお願いしたんですけど、二年生が終わる頃は、三組が一番しっかり落ち着いて、むしろ他のクラスのほうが大変に見えましたね。

木　原　それはよかったです。変わったのは特に元二年三組だとは、何か満たされたんですかね？

Ｉ先生　うううーん。そうですねえ。元三組は木原先生に関わってもらって、何度も、インタビューとか何でも相談室とかで、しっかり話を聞いてもらって、その上、プチスタとかでもしっかり関わってもらって、「かまって」もらって、「かまって欲しい」っていうすごい渇きが満たされたんじゃないでしょうかね。

それに四回の特別授業の中で、何回もこれからの目標について考えたり、これからどう頑張るとかとみんなで一緒に考えたりしたじゃないですか。そういうことを考える時間が持てたのと持てないのとではすごーく違うんじゃないでしょうか。しかも一回の授業でなく、毎回の授業で何度も繰り返して……。子どもは正直だから、木原先生からの真っ直ぐな気持ちをそのままばっと受け止めたんじゃないんでしょうか。そんな気がします。

実は、昨日の性教育で、助産師さんを招いて講話があったんですよ。元三組の生徒は長い感想文を一生懸命考えて書いてましたね。相手の言ったことを感じ取れて、自分が何を感じ取ったのかとさらに言葉にできてましたね。他のクラスの生徒たちは一―二行で終わり。元二年三組の生徒は二年前はあれだけ大変だったのに、いい方向に成長したってほんと思うんですよ。

第8章　O中学校の実践で使ったＷＹＳＨファシリテーション技法

1　ＷＹＳＨ教育とは何か――誕生及びその後の変遷

さて、ここまで、ＷＹＳＨ及びＷＹＳＨ教育という言葉を説明もなく使ってきましたが、ここで、少し、その説明をしておきましょう。ＷＹＳＨとは、当初は、Well-being of Youth for Sexual Health の略でした。つまり、ＷＹＳＨ教育は、もともと「性教育」として始まったということです。それは、二〇〇〇年代初期には、児童生徒における性の問題が非常に重要な社会問題だったからです（二〇〇二―二〇〇三年は性感染症、一〇代の妊娠中絶がピークとなった年です）。当時、米国直輸入の性教育が花盛りでしたが、私たちは、私たちが日本で初めて実施した全国住民性行動調査や全国大学生性行動調査（いずれも一九九九年。厚生労働科学研究班）などの、日本のデータに基づいた、日本の社会文化に適した科学的な性教育を開発し、それを「ＷＹＳＨ教育」と命名したのです。

しかし、その後の膨大な調査データから、子どもたちの抱える問題は、いじめ、不登校、学級崩壊、喫煙、飲酒、ドラッグ、自傷行為など、非常に多様で、性の問題はその一つに過ぎず、かつそれらの問題は相互に関連していること、そして、それらの根底には、「人間関係の希薄化」と「自尊感の低下」という問題が存在していることが、わかってきました。

そして、さらには、そうした問題の発生は、家族関係や地域社会のあり方、社会における人間関係の急速な変容による可能性が高いことを、データは示していました。そうであれば、もぐらたたきのように、一つの問題（例：性行動）だけを捉えて、対症療法のような対策（例：性感染症予防）をするだけでは、本質的な解決にはならないことになります。こうして、WYSH教育は、性教育から「人間教育」を本質とするものへと変わっていきました（二〇〇五年ころ）。それに伴って、WYSHも、Well-being of Youth in Social Happiness（当初は、Sexual Health）という言葉を略したものへと、再定義することにしたのです。

その後、携帯電話、スマホをはじめとするIT機器、電子メール、LINEなどのSNS（ソーシャルネットワーキングサービス）の相次ぐ出現と、その爆発的な拡大によって、人間関係の「質」が変容し、また世の中が便利になり、一見豊かに見えるのとは裏腹に、子どもの貧困が大きな社会問題として浮上したり、家族の機能を果たせない家庭が増えるなど、子どもたちの置かれる状況は、短期間に大きく変わり、それに伴って、子どもたちに対する学校の関わり方も複雑化し、益々困難さを増しています。あまりの困難に途方にくれている学校も少なくないのではないでしょうか。

ＷＹＳＨ教育では、こうした学校や子どもたちに寄り添い、社会の変化とともに複雑化する学校での様々な問題に対応し、その問題解決に役立つ教育モデルを作成しようとしてきました。そして、そうして開発したモデルを、同じ悩みを抱える全国の学校が問題解決のために活用できるように、毎年京都で、全国規模の研修会を実施しています（ご興味のある方は一般財団法人日本こども財団のホームページをご覧ください）。

このように、ＷＹＳＨ教育は、私が中心となって実施してきた、膨大なデータ（約三五万人に及ぶ児童生徒対象のアンケート調査と、千人を超えるインタビュー調査）の科学的分析結果の蓄積に支えられたものであり、私自身および私が実施する研修会で学んだ教員の方々からＷＹＳＨ教育を受けた児童生徒は、これまでに三三万人以上にのぼり、知識の上昇、リスク認知の上昇、自尊感や学力の向上、いじめの減少、不登校の減少など、多面的な効果が繰り返し科学的に確認され、教育現場で高い成果をあげてきたのです。

2　中学生の驚くべき可塑性とＷＹＳＨファシリテーション技法総動員の「孤軍奮闘」

さて、前章までに述べてきた私とO中学校との関わりは、色々な余韻を残して、幕を閉じました。私にとって、一つの学校にこれほど関わったのは初めてであり、またこれほど困難な体験も初めてでしたが、幸いにも「自分への手紙」などに見られるように、関わった生徒たちの中に、「何か」心の成長につながるものを残すことができたように思われました。

しかし、O中学校の経験は、以前に関わったT中学校での経験とは大きく異なるものでした。T中学校では、生徒に対する教員グループの強い想いと関わりがあり、WYSH授業を全教員が見学され、授業が終わるごとに交流会を持ちました。WYSHプロジェクトはそうした相互作用の中で驚くような効果を発揮し、学校全体が大きく変わり、保護者が変わり、地域からの評価も高まるという私たちの予想を大きく超える結果につながりました（拙著『あの学校が生まれ変わった驚きの授業――T中学校652日物語』ミネルヴァ書房、二〇一七年）。

O中学校では、残念ながら最後までそうした相互作用のダイナミクスは起こらず、一部の先生とWYSHによるいわば「孤軍奮闘」という形になってしまいました。しかし、二つの中学校の間で共通していたことがあります。それは、生徒たちは非常に「可塑的」だということです。たった一度の面接で変わる子どもたちを一五年以上にわたって全国の多くの学校で経験してきましたが、それはほとんどが中学校でした。T中学校ではそれをクラスぐるみで経験しました。そして、O中学校の経験は、それをさらに強く確信させるものでした。中学生は非常に柔軟で、どのようにも変わり得る、言い換えれば、中学校までの教育、学校の役割はとてつもなく重要だということです。これは高校以降では遅いと言っているのではありません。一生のどのステージでも周囲の見守りが大切でない時期などありません。しかし、思春期という移行期の子どもたちにはそれがとりわけ重要だということです。

では、Ｏ中学校では、生徒たちはなぜ変わったのでしょうか？　Ｏ中学校の場合、「孤軍奮闘」であったことから、ＷＹＳＨのファシリテーション技法を総動員した取り組みとなりました。この章では、これまで述べてきたことを振り返りながら、どこでどのようなファシリテーション技法が用いられていたかをご紹介したいと思います。

しかし、そもそも「**ファシリテーション**（facilitation）」とは、一体何なのでしょうか？　単語としては、促進、容易にすることという意味ですが、方法として用いる場合には、「人々の活動が容易にできるよう支援し、うまくことが運ぶよう関わること」を意味します。これを、学校現場の文脈で表現すると、「生徒が問題を解決できるように、さらには生徒が自分の目標を見つけそれに向かってうまく歩めるように、支援し関わること」ということになります。ＷＹＳＨ教育は、それ自体が丸ごと「ファシリテーション」プログラムであり、そのための技法の体系と言うことができます。以下、ＷＹＳＨ教育が用いている技法を、「ＷＹＳＨファシリテーション技法」と呼ぶこととし、Ｏ中学校の取り組みに即して、用いたＷＹＳＨファシリテーション技法を見ていくことにしましょう。

今回のＷＹＳＨの取り組みは、大きく、形成調査、介入の設計、介入の実施・効果評価の段階に分けられます。つまり、問題の実像を探る段階、それに基づいて介入（授業等の関わり）を立案する段階、介入を実施してそれが生徒の現状の改善ややる気の向上にどれほど効果があったかを評価する段階からなるということです。

3 「問題の実像」を探る――ミクストメソッドによる形成調査

「形成調査（formative research）」とは、学校の実情を把握するいわば「学校診断」のフェーズです。病気の診断を間違えれば、適切な治療ができないように、このフェーズで状況をいかに的確に捉えられるかが成功の鍵を握ります。

ここでは、様々な「観察」を行いました。最初は、M先生との電話、メールのやり取りによって情報を集め、二年三組の大変な様子をうかがいましたが、今ひとつ状況が呑み込めません（第1章参照）。

そこで、授業崩壊の中心的な存在と言われている男女の生徒たちを七人集めて二グループの**フォーカスグループインタビュー**を行い、自己分析をしてもらったり、学校への不満を探りました。ここで溢れるほどの不満が出てきて、女子生徒からは家庭の問題までが赤裸々に語られ、家庭的に恵まれない子たちにとって学校が「最後の心の砦」（唯一の楽しみの場所）であることが示唆されました。少し「**問題の実像**」が見えたように思われましたが、それもつかの間、続く学年担当の先生方とのグループもしくは個別面接では、内容が生徒の話と大きく食い違い、私は、また霧の中に戻ってしまいました（第１章参照）。

この時点までに校舎の様子を観察しました。掃除がなおざりで、トイレや壁など学校全体がかなり荒れていることがわかりました。次にクラス全体に「アンケート調査」を行い、生徒の支援ニーズの把握に努めました。この調査からそのクラスの生徒には支援ニーズの高い生徒の割合が驚くほど高いという予想を超える実態がわかりました。しかも、支援ニーズが高い生徒の中には、騒ぎの中心となっている生徒以外の生徒も多く含まれていました。「これは？」ということで、今度は、騒ぎの中心ではない生徒たちのグループも含めて、「**心図（こころず）法**」や「**マッピング法**」など、図も用いながらのフォーカスインタビューを行いました。そしてここで「**地獄絵図**」という言葉や、「授業妨害している子に注意したら、自分がいじめられる」という趣旨の発言が飛び出し、「問題の実像」が違う角度から見え始めたのです（第２章参照）。

そして、極め付きは、「**授業参加**」でした。ここで、私は、「ロックコンサート」状態の授業を経験し、また授業妨害の中心の子たちもそうでない子たちも騒ぎを助長し合う「負のグループダイナミクス」が起きていることを見出しました。そして、形成調査の最後としてアンケート調査を実施したところ、授業妨害をしていた生徒を含む八四％の生徒が「授業が変わってほしい」と思っているという、これまた意外な実態が明らかとなります。こうして、以下のことが「問題の実像」として見えてきたのですが、この間、四か月かかりました（第２章参照）。

①かなりの授業で、生徒の妨害による授業崩壊が起きている。

②生徒は、生徒指導や一部の授業のあり方に強い不信感・不満を持っており、それが先生方への攻撃の背景となっている。
③一部のキレやすい生徒が妨害を主導している。
④主導的に妨害しないその他の生徒も、一部の妨害する生徒に合わせて騒ぐか、妨害を無視して自衛手段として自習している。
⑤生徒同士の人間関係は流動的で、また仲間外れや攻撃の対象にならないようにと、常に微妙な緊張状態にあり、それが「負のグループダイナミクス」の裏側にある。
⑥しかし、ほとんどの生徒はこの状況が変わって欲しいと思っている。
⑦家庭の問題など支援ニーズの高い子が多く、学校は彼らにとって大切な場所（「最後の心の砦」）である。
⑧先生に非常に攻撃的な態度を見せる一方、先生にまとわりつくなど、人懐こい。

さて、この形成調査には様々な技法が用いられています。一番大きな枠組みは、「**ミクストメソッド**（mixed methods）」と言われる方法です。これは「質的方法」と「量的方法」を組み合わせて、問題の実像を探る方法で、今世紀の変わり目頃に登場し、現在では研究方法の主流となったものです（ライス、P・L／木原雅子・木原正博訳『現代の医学的研究方法――質的・量的方法、ミクストメソッド、EBP』メディカル・サイエンス・インターナショナル、二〇一二年）。「**質的方法**」とは言葉、現場観察、映像、音声などの情報を収集分析する方法で、今回の取り組みでは、先生や生徒への個別面接、生徒のフォーカスグループインタビュー、そして、校舎見分、授業参加がそれに当たります。一方、「**量的方法**」とは、数値での情報を収集分析する方法で、アンケート調査がそれに当たります。今回も、この二つの技法を組み合わせなければ、「問題の実像」が見えることはなかったでしょう。

（1）フォーカスグループインタビュー

フォーカスグループインタビューにも、様々な工夫を凝らしています。この技法の詳細は、第1章をお読みいただくとして、まず、ご理解いただきたいのは、思春期の男の子ほどインタビューの難しい相手はいないということです。私たちは、二〇年近くも前に、フォーカスグループインタビューをマーケティングリサーチのトップ会社の一つである「日本リサーチセンター」の専門家から習いました。その道では有名な方でしたが、その方から言われたのは、思春期の男子のインタビューは「何もしゃべってくれないので、ほぼ不可能」だということでした。男子はそれほど難しいということです。女子たちも、一般におしゃべりとはいえ、センシティブな問題には、よほど心のつながり（ラポール）ができない限り率直に語ってくれることはありません。

そこで、私たちは、習得した基本技能を独自に発展させ、思春期の若者たちのためのインタビュー技法を磨き、約二〇年間で、一一〇〇人を超えるインタビューを実施する中で、ＷＹＳＨ独自の技法へと発展させてきました。以下、そのポイントを紹介します。

インタビューの場の工夫（アトモスフェリクス）

インタビューをする場は、秘密の守れる場所であることは当然ですが、子どもたちが和んで心を開きやすい雰囲気を作る（アトモスフェリクス）必要があります。WYSHでは、テーブルクロス、花、手で触れるぬいぐるみなどを用いています。飲み物や食べ物もそのためのツールです。また、子どもは気が散りやすいので、そうならないように、外の景色（特に他の生徒たち）や壁の掲示物なども見えないようにし、しかし狭苦しくならないようにします。

インタビューする側の姿勢

腹を割った話し合いをするわけですから、当然ですが、腕組みをしたり椅子の背にもたれかかって聞くなどはありえないことです。テーマによりますが、自分の同じ年ごろだったころのことを率直に話すと、距離感が近づきます。そして、子どもたちの言うことを真剣に聞きます。迎合するのではなく、心を近づける努力が必要です。その意味で言えば、相手の言葉を単に繰り返す「**おうむ返し**（パラフレージング）」などを機械的に用いるのは逆効果になります。

十分に雰囲気を温め、徐々に本論に入っていく

いきなり本論に入れることは、それまでに生徒たちとのいい人間関係ができている場合以外にはありえません。少しずつ気持ちをウォームアップさせていく工夫がいります。例えば、O中学校の男子では、①「**他己紹介**」→②「自分の好きなもの（こと）ベスト三」→③「自分の得意なこと、長所、弱点」→④「学校は楽しいかどうか」→⑤「学校や授業への不満」→⑥「家族に対する不満」→⑦「これまでで一番印象に残っている授業」→⑧「私からどういう授業を受けてみたいか」と話を進めました。本論が微妙なテーマのときは、③④⑤のように段階的に入っていきます。また、⑤と⑥が本論ですが、気持ちよく終わるためと、授業のヒントを得るために、⑦と⑧の質問を入れています。こうしたアプローチを「**スパイラル法**」と呼んでいます。直線でなく、スパイラル状に緩やかに立ち上げ、緩やかに終わるというイメージです。

なかなか話が進まないと思われる場合には、「**ポストイット法**」を用います。上記の③ではこの方法を用いました。付箋に書いた意見を台紙に貼ってもらい、そして、自分のものも友だちのものもごちゃ混ぜにして、順番に生徒に読んでもらうという方法です。当てると話さない子たちもこの方法であればほぼ例外なく反応してくれます。また、「**心図（こころず）法**」「**マッピング法**」も、心や人間関係のあり方を探る場合には有効な方法で、その図に基づいて自分を語ってもらったり、こちらが質問しながら、その意味を確認したりしました。

2《ツー》ステップ式のインタビュー

なお、フォーカスグループがうまくいくと、そこで信頼関係が生まれます。そこで、「もし個別に話があれば後で来てね。」と声をかけると、後で個別に話に来てくれて、そこで、友だちがいたときには言えなかったことなどを話してくれることがあります。O中学校でも、「WYSH何でも相談室」には、フォーカスグループに来た生徒たちが自発的にやってきました。WYSHでは、「フォーカスグループ（集団）→個別」という段階的な面接を意識的に用いており、「2ステップ式のインタビュー」と呼んでいます。

インタビュー（個々の生徒との関わり）ができないと授業はできない！

ここまで、授業開発のプロセスで必要な、生徒たちへのインタビューの方法（グループ・個別）の要点を説明してきました。インタビューは授業内容を決めるのに必要な情報を集め、生徒との人間関係を確立するのに不可欠でした。言い換えれば、インタビューがうまくいったからこそ授業がうまくいったということです。では、このプロセスは、外部講師だけに必要で、いつも学校現場にいる先生方には必要ないことなのでしょうか？　恐らくそうではありません。私は、これまでの自分の経験と、授業の上手な先生を観察してきた結果から、「個々の生徒との関わり（小グループを含めて）ができないと、授業はできない！」と確信しています。

授業は、もちろん生徒の集団に対して実施するものですが、その集団を構成しているのは生徒一人一人です。ですから、子どもたち一人一人に寄り添えないと、心の通う授業は成立しないのです。授業中に、生徒一人一人と関係を作るのは無理です。日々のごくごく日常の関わりの中で、個々の生徒に寄り添い、そして個々の生徒を意識しながら、授業全体を動かしてゆくのです。生徒一人一人と心の通わない授業は、ただ知識やスキルを振り回すだけの空虚なものとなってしまいます。ＷＹＳＨ教育では人間関係の構築を大切にしますので、そのインタビュー技法の中には、個々の生徒への関わりのときに必要なスキルのエッセンスが含まれています。その核心は、相手の**「いいとこ探し」**にあります。もちろん、生徒と触れ合う機会は、インタビューに限りません。生徒と一緒に何かの作業を通して触れ合うことだってありますが、そのときにも、生徒の「いいとこ探し」をしてください。その「いいとこ」を手がかりにして生徒との関わりが深くなると、いつも私は思っています。生徒の「いいとこ探し」の具体的な方法がＷＹＳＨのインタビュー技法です。本書から、そのエッセンスをつかみ取ってぜひクラス経営で活用していただきたいと思います。

（2）授業参加

Ｏ中学校では、私が実際に**授業参加**をして、その様子を観察しました。これは、文化人類学でいう、「参加観察（参与観察）」を応用したものです。「授業参観」のように〝遠巻き〟に眺めるのではなく、対象集団の中に〝参加〟して（混じって）、できるだけ同じ目線で観察を行うのです。

前著『あの学校が生まれ変わった驚きの授業』の対象となったT中学校でも授業参加を行い、先生が無意識に発する「わかっているな」オーラが、生徒を萎縮させていることを明らかにしました。生徒の息遣いが感じられる距離で、生徒の態度や行動や考えを把握するのです。面接やアンケート調査では得られない、「肌感覚」の情報を得ることができます。

(3) アンケート調査

アンケート調査（量的調査）の目的は、集団における問題の分布（割合）を知ることにあります。質的調査では時間をかけて「深く」知ることに重きが置かれ、その分少数の生徒にしかインタビューを行うことはできません。そのため、少数の生徒の意見がクラス全体の生徒の意見をどれほど反映しているかはわかりません。それを補うのが、量的調査です。全員に比較的短時間で答えられる質問票に答えてもらうことで、ある意見や行動などがどれほど生徒の間に広がっているか、その割合を知ることができます。言い換えれば、「広く」知ることができるということです。O中学校では、「『支援ニーズ』の必要な生徒の割合」（第2章1節参照）や「『授業の状況が変わって欲しい』と考えている生徒の割合」（第2章4節参照）は、アンケート調査で初めて明らかになりました。ただ、アンケート調査だけでは、情報が「浅い」ため、より正確に実情を把握するには質的調査と組み合わせる必要があるのです。O中学校では、「支援ニーズ」アンケートの結果から、授業妨害の中心でない子たちのニーズが高いことがわかり、そうした子たちのインタビューを行い、そこから重要な事実がわかりました。量的調査と質的調査は、「持ちつ持たれつ」の関係にあるということです。

アンケート調査は、後述するように、介入（授業）評価にも利用されます。介入の前後で同じ質問票で調査をすれば、変化を知ることができ、介入（授業）に効果があったかどうかについて、説得力のあるデータを得ることができます。

4　介入（授業等）を設計する——WYSH教育の組み立て

こうした「形成調査」のデータも踏まえて、介入（授業等）を設計します。その具体的な内容は、『WYSH教育事例集1・2・3』（一般財団法人日本こども財団のホームページをご覧ください）に詳しく記載しているのでご参照いただくとして、ここでは、その概略を紹介します。

WYSH教育は、私たちが、京都大学で創り上げた、社会疫学（socio-epidemiology）という新しい科学的アプローチで作られます。社会疫学とは、社会科学的方法（質的方法、ソーシャルマーケティング、行動理論、教育理論、コミュニケーション理論など）と医学的方法（疫学、統計学）を統合して、問題解決を図ろうとするもので、社会環境の改革までをスコープに入れたアプローチですが、ここではO中学校の範囲に絞って紹介することにします。

（1）二階建て構造

ＷＹＳＨ教育では、現代の若者の問題の多くは、人間関係の希薄化や自尊感の喪失という、現代社会の根本的問題によって生じると考え（拙著『一〇代の性行動と日本社会――そしてＷＹＳＨ教育の視点』ミネルヴァ書房、二〇〇六年）、教育を「**二階建て構造**」に組み立てます。一階部分は「人間基礎教育」、二階部分が「各種教育」で、Ｏ中学校のプロジェクトもこの構造にデザインされています。

一階の「人間基礎教育」での主眼は、子どもたちの心を落ちつかせたり、心の居場所を作ること、子ども同士、あるいは子どもと教員の間の人間関係を築くこと、そして自尊感を高めることにあります。ＷＹＳＨ教育では、すでにインタビューの段階（第1章・第2章）で、他己紹介、長所をほめる、不満を吐露してもらう、相手を決して否定しない、生徒たちを肯定（承認）し、いいところを探し褒める（「いいとこ探し」）などのアプローチに、「人間基礎教育」の要素が含まれ、授業やそれ以外の関わりでもその方針は徹底して貫かれます。

また、「何でも相談室」や、トイレ掃除や壁の美化や利用（第3章）も、心のつながりを作ったり、心の居場所を作ったり、自尊感を高めることを目的にしたものです。また、英語のプチスタで、○だけをつけて×をつけないこと、正解できたら褒めること、個人的なやり取りをすることなども、相手を励まし、承認し、自尊感を高めることを目的としたものです。

二階の「各種教育」は、個別の授業テーマのことで、WYSH教育では、性教育、いのちの教育、いじめ防止教育、やる気や自尊感を高める教育、コミュニケーション教育、最近では、数学、国語、英語などの教育も開発しています。WYSH教育では、こうした各種教育を、「人間基礎教育」と統合して行うのです。O中学校の、「思春期のこころ学」（第3章）、「WYSH国語」、「WYSH英語」（第5章）、「WYSHタイムトラベル」（第6章）もすべて、こうした「二階建て」で作成されているので、読み返してみてください。

（2）WINGS

授業は、WINGS（ウィングズ）で構成します。これもWYSH教育独自の技法です。「W」はウォームアップ（導入）、「IN」はインフォメーション（授業の本体）、「G」はグループワーク、「S」はサマリー（まとめ）を意味します。O中学校では、「W」として、漫画キャラ（ウサ爺）（第3章）や、「理想の交際相手」（第3章）や「色からわかる性格診断」（第5章）などのゲームを用い、「IN」の部分では、講義部分は短くし、グループワークを多用しました。「思春期のこころ学」では、「授業を落ち着いた状況にするにはどうしたらいいか?」、「職場体験で気をつけようと思うこと」、「WYSH国語」では、「蜜柑を投げるという少女の行動をどう思うか」、「WYSH英語」では、英語でのセリフについて、それぞれグループワークをして発表してもらいました。

グループワークは、それぞれテーマは違いますが、共通していることがあります。それは、以下の点です。

①全員に発表の機会を与える（「ポストイット法」で、全員に読んでもらう）

②発表した生徒には全員で拍手をする

③作業の遅い子もせかさず辛抱強く待つ

④どの発表も肯定する

⑤教員の側から、結論を押し付けず、子どもたちに話し合わせ、自発的回答を促す

①～④は、それぞれの子どもを認めることで、自尊感を高めることを目的としたものです。⑤は、「課題提供型」と言われる教育法で、ブラジルの教育学者であるパウロ・フレイレの手法に倣ったものです。フレイレは、知識をトップダウンで教える教育法を「銀行型」（蓄えた知識を切り売りするやり方）として批判し、情報を提供して自発的に問題解決を促す教育法の重要性を強調しました。私たちのこれまでの経験では、課題に対して子どもたちはお互いに相談し合って、あるいは自ら、ほぼ必ずまともな結論に至ります。最後の授業の「自分への手紙」はそのことをよく示しています。生徒を信じて行うことが大切です。

また、「授業を落ち着いた状況にするにはどうしたらいいか？」、「職場体験で気をつけようと思うこと」のグループワークでは、生徒たちに皆の前で、自分はこうする、こうしたいと発表してもらいますが、これは、人前で公言したことは守らなければと思う心理的効果、つまり「コミ

ットメント効果」を狙ったものです。Ｏ中学校二年三組の生徒の職場体験における先生たちも驚くほどの態度の良さには、この効果が働いたと考えられます。

その他、授業では、八四％の生徒が授業が変わって欲しいと思っているというアンケート結果を伝えました。これは、そういう事実を伝えることによって、自分だけではなく、みんながそう思っているという安心感をもたらすためで、これを「規範形成」と言います。なお、グループワークでも、インタビューと同じように、いきなり本論に入るのではなく、徐々に核心に迫るという「スパイラル法」を取り入れています。このように、ＷＹＳＨの授業には、様々な理論から取り入れた技法が、ＷＹＳＨ教育の独自の枠組みの中に散りばめられているのです。

（3）メッセージビデオ

これは、ＷＩＮＧＳの「Ｓ」の部分に当たるもので、ＷＹＳＨ教育で最も重視している部分です。Ｏ中学校では、「思春期のこころ学」と「ＷＹＳＨタイムトラベル」の授業の最後に、メッセージビデオ（もしくはパワーポイント）を流しました。

「思春期のこころ学」の授業では、他の高校の生徒の意見（例：「死ぬこと以外かすり傷」）をビデオで流しました。これは、大人の言うことではなく、年齢の近い人の意見が心に入りやすいという「ピア効果」「ロールモデル効果」を活用したものです。同じ問題を抱え苦しんだ経験を持つ、ほぼ同じ年代の若者からのメッセージは、そういう経験のない大人からのメッセージよりもはるかに強力で浸透力があります。

最後の「WYSHタイムトラベル」の授業では、自分たちが変わったかどうかのグループワークの後に、メッセージを載せたパワーポイントを使って、この間の生徒たちの変化を、校長先生、M先生、養護教論のI先生に語ってもらい、そして私からもコメントしました。これで自分たちが変わったことに自信を持ってもらい、そして、続けて、生徒参加型で作った映像を流し、そのことを確認し、心に刻んでもらおうとしました。

（4）その他の工夫――プロンプト効果とパーソナライゼーション

WYSH教育には、これら以外にも色々な技法が取り入れられています。例えば、「**プロンプト効果**」で、これは、繰り返しある物事を想起させることで、記憶の定着や行動の持続を促す技法ですが、廊下に設置した「ながら勉強黒板」（第3章）や、英語のプチスタ（第4章）もその効果をねらったものです。また、生徒の氏名や関連情報を全て記憶し、また常に（姓ではなく）名前で呼びながら、接するようにしたこと、さらに、プチスタで、生徒との個別のやり取りを行ったのは、私と生徒たちとの人間的絆を強めることを意図したものであり、これを「**パーソナライゼーション**」と私たちは呼んでいます。

5　介入（授業等）を評価する

介入（授業等）の前後で、その効果を測ることを、「効果評価」と言いますが、WYSH教育では、ここでも**ミクストメソッド（質的方法と量的方法）**を用います。質的な評価は、直後の生徒の感想文、しばらく期間を置いた後の管理職を含めた教員へのインタビューで行い、量的な評価は、介入前後のアンケート調査で行います。O中学校では、インタビューでもアンケートでも、クラスの雰囲気の変化や、学習意欲の高まりなど、ポジティブな変化が認められました。T中学校のように、遅刻や成績への影響が評価できればさらに確実ですが、O中学校ではそこまでの情報提供の協力は得られませんでした。

6　サイエンス、アート、ハート

以上、本章では、WYSH教育が、様々な技法や科学的理論、工夫がその骨組みとなって作られていることを説明しました。しかし、骨組み（サイエンス）だけでうまく動くものではありません。これは骨組みだけの車や家では魅力的でなく、またうまく機能しないのと同じです。骨組みに肉付けをし、相手の興味を惹く見かけとし、またうまく目的を果たすような細かな工夫が必要です。それが、本章で紹介した様々な手法や工夫（アート）です。しかし、これだけでもまだ不十分です。ここまでなら、小手先の技術で相手を操るようなものです。これに加えて、そして、最も大切なことは、相手への「想い（ハート）」です。相手に寄り添い、心を込めて対応することで、サイエンスやアートは真に意味あるもの、相手をポジティブに変える力を持つものとなります。私はそれを、「サイエンス、アート、ハート」と呼んでいます。いわば「三位一体」で、そのどれが欠けても効果のある授業にはならないのです。

7　最後に

これまで数多くの学校から、それも多くは問題だらけで、学力も低い学校からの依頼を受けてきました。そしてそのたびに思うのは、これほど不公平なことはないということです。なぜなら、問題を起こす子どもや、成績が悪い子どもばかりが生まれる地域などあるはずがないからです。

どの子どもも純粋で素晴らしい可能性を持っています。私が接してきた子どもたちは例外なくそうでした。それが、地域によって「格差」が生まれるのは、子どもを取り巻く「環境」が違うからです。「環境」とは、各レベルの行政、地域社会、家庭環境、学校であり、生まれた環境が悪いばかりに、成績が悪いのでは、これこそ不条理という他ありません。そして、学力ばかりではなく、こうした環境格差は、心の格差として、生徒たちの生活態度にも反映され、少なからぬ子どもたちが、抗うすべもなく、望まぬ人生のコースを強いられていくことになるのです。問題の多い学校から呼ばれて授業をし、そこの子どもたちが僅か十数年の人生で経験してきた過酷な境遇を知るたびに胸がつぶれる思いをしてきましたが、Ｏ中学校でもまったく同じ思いがしました。

では、こうした環境にいる子どもたちを変えることはできないのでしょうか？　答えは明らかに「ノー」です。本書で紹介したＯ中学校の事例は、子どもには、問題を冷静に捉える力、変わっていく力があることを示しています。Ｏ中学校の生徒たちは、表面的には、授業を妨害し、勉強をしたくないかのように見えましたが、実際はまったく逆でした。どの子も、授業を変えたい、勉強を教えて欲しいと望んでいました。

生徒を想う人たちがこうした生徒たちの声に耳を傾け、心に寄り添って、一緒に取り組めば、たとえ一人一人の力は小さくても、生徒は確実に変わることができます。Ｏ中学校の経験は、私にそれを確信させるものでした。そして、ここに述べたＷＹＳＨファシリテーション技法を学んでいただければ、誰でもそうしたファシリテーションができるようになります。本書によってそのことを、一人でも多くの人にお伝えしたいと思いました。

あとがき

この本を手にとっていただき、そして最後まで読んでいただきありがとうございました。

私は、これまで、全国各地でいろんな学校に関わってきました。関わった学校は、たぶん五〇校を超えると思いますが、正直、このＯ中学校ほど私にとって大変だった学校はありません。一体何が、大変だったのでしょうか？

まずは、学校の現状をつかむのにとても時間がかかったことです。これまでも、関わった学校には事前に必ず一回はインタビューのために訪問してきました。そして、直接会って話をすると、それなりにおぼろげながらも、その学校の雰囲気は伝わってきて、だいたいの問題点（お手伝いすべきところ）は見えてきたものでした。しかし、このＯ中学校の場合は、インタビューをいくつものグループに何度も行い、しかもアンケートも複数回実施した末に、やっと実像が見えてきたという大変な難産でした。通常、どこかの学校に関わる場合には、まず「学校診断」というか、その学校の正確な現状がわからなければ対策の打ちようがありません。これは、検査結果がわからなければ治療方法が考えられないのと同じことです。つまり、この学校の場合、検査に非常に長時間を要したということです。

そのような大変なスタートをして、その後の関わりは順調だったのかというと、まったくそうではなく、さらなる困難の連続でした。もちろん、これまで関わった学校も簡単な学校は一校もありませんでしたが、この学校は別格だったというのが、正直な気持ちです。毎回、どの学校でも、そこを訪問する前には、十分な時間をかけて万全な準備をしてうかがうのですが、今回は、もともと授業がまったく成立していなかった学校であり、しかも、インタビューでは話がはずんでそれなりに意思疎通ができたと思っても、実際、教室で会うと、生徒から完全無視される有様ですから、関わっている間中、「本当にこの授業内容でいいのだろうか？」、「今回の関わりはこれで十分なんだろうか？」、「滞在中にできることは他にはないのだろうか？」などと、頭の中をいろんな想いがグルグルと回りました。滞在中のホテルでは、考えがまとまらず、ホテルの床にいろいろな案を書いた紙を並べては、その間を歩き回っていました。一睡もできず、ホテルの室内をウロウロしているうちに、川に面したホテルの窓から、「ゴーン、ゴーン」と明け方に、遠くのお寺から響く鐘の音を何度も聞きました。「あああ、また夜が明けちゃった。とりあえず、一時間でも仮眠して今日に備えよう。」という日が滞在中ずーっと続きました。もともと私はどうしようもないくらい不器用で、しかもこだわりの強い、心配症です。こだわって、こだわって、もうこれ以上できないというところまで準備しないと心配がとまらないという性格です。いわゆる寝ても覚めても同じことばかり考えている状況になるのですが、今回は、特に、一回の現地滞在が毎回一週間近くに及んだので、状況はもっと悲惨でした。というよりも、悩んでいる当人は、勝手に悩んでいるのでいいのですが、同行してくれた夫やこちらの関係者の人に、ずいぶん心配や迷惑をかけたなあと反省しています。今は感謝の言葉しかありません。

さて、同行者と言えば、今回は、たまたま、O中学校への関わりがはじまった直後から、それが終了するまでの間、NHKのドキュメンタリー番組の密着取材を受けることとなり、NHKのディレクター、カメラマン、音声の方々が、毎回同行されました（なお、その番組はETV特集「キミのこと聞かせてよ～木原雅子さんの出張授業～」として既に放送されていますが、本書では、その映像には出てこない裏側にも触れています）。こちらが今回の関わりがうまくいくかどうかもわからず、かりかりする中、メディアの人はメディアの人の感性で動かれるのですが、それがこちらと生徒との真剣勝負の関わりに影響しているような気がして、ディレクターの岡崎さんには、何度も自分の苛立ちをそのままぶつけた爆発メールを深夜に何度も送ってしまい、今思うととっても申し訳ないことをしたなあと、懐かしく思い出されます。また飲食も休憩も忘れて必死で動いていた私を、カメラのレンズを通してみていたカメラマンの河潟さんや音声の蓮池さんからは、何度か、向こうから、「少し休みませんか！」と声をかけてもらったり、黙ってお水やお菓子を出していただいたり、私の身体をねぎらっていただきました。ご自分たちも重い機材を長時間抱えながらの作業で疲れておられたはずなのに、生徒以外には気も回らない私にそのようなご配慮をいただいたこと、今でもとても有難く感謝の気持ちで一杯です。

この山あり谷ありのO中学校との関わりの中で、残念ながら、最後まで、O中学校の先生方とのチーム連携は十分には取れずじまいでした。しかし、それにもかかわらず、O中学校の生徒たちは、最後の「自分への手紙」に象徴されているように、本来持っていたそれぞれの一番いいところを出せるようになっていきました。そしてそれには、このような状況の中でも一貫して、生徒の情報を私たちに伝え続け、協力してくださった養護のI先生の存在がとても大きかったと思います。I先生がいなかったら、今回のようなO中学校の生徒の変化は起こらなかったのではないかとさえ思われ、I先生には深い感謝の念を禁じえません。また、このように、学校とのチーム連携がうまく取れなかったことは大変でしたが、逆に、この学校の経験から、全国の色々な学校で孤軍奮闘していらっしゃる先生方に役立つ、学校内でチームとしての連携が取れない場合にも使える可能性のある様々なアプローチが見えてきたように思われ、前回のT中学校とは異なる現実的な教訓が得られたように思われます。本書で、できるだけ具体的にO中学校の経験を説明したのはそのためです。ぜひそうしたメッセージを本書から汲み取っていただければと思います。そして、前のT中学校とまったく同じように、生徒たちは、私たちの関わりの中で、目を見張るような変化を遂げていきました。今では高校生になった彼らが、今後益々一人一人自分らしくキラキラと輝いてくれることを心から願いたいと思います。

最後に、本書の執筆にあたり、WYSH教育の本質を理解し、根気強く、何度も何度も本書の確認を行ってくださったミネルヴァ書房の吉岡さんと、身内ではありますが、今回も、この中学校のオリジナル教材を作る過程で、私がほとんど説明しなくても、生徒が大喜びする最高のデザインを提供し続けてくれた娘木原彩と、家でも職場でも、また滞在先の学校でも、WYSHにこだわり続けたあげく、落ち込んだり、いらだったりする私を丸ごと受け止めて支え続けてくれる夫木原正博に心から感謝したいと思います。

二〇一八年一〇月一三日

京都大学大学院医学研究科社会疫学分野
准教授　木原雅子

参考文献（三〇〇編以上から抜粋）

WＹＳＨ教育に関するもの

1．木原雅子：あの学校が生まれ変わった驚きの授業──T中学校652日物語．ミネルヴァ書房、京都、二〇一七年

2．木原雅子：WYSH教育事例集1、「性教育、いじめ教育、いのちの教育、やる気アップ教育のモデル紹介」．一般財団法人日本こども財団、京都、二〇一三年

3．木原雅子：WYSH教育事例集2、「性教育、いじめ教育、いのちの教育、やる気アップ教育のモデル紹介」．一般財団法人日本こども財団、京都、二〇一四年

4．木原雅子：WYSH教育事例集3、「性教育、いじめ教育、いのちの教育、やる気アップ教育のモデル紹介」．一般財団法人日本こども財団、京都、二〇一五年

5．木原雅子：一〇代の性行動と日本社会──そしてWYSH教育の視点．ミネルヴァ書房、京都、二〇〇六年

6．Masako Ono-Kihara. Sex behavior of teenagers in contemporary Japan: The WYSH Project. Sanko Publisher, Tokyo, Japan, 2011

7．木原雅子、木原正博：HIV感染予防と社会──複合予防とWYSHプロジェクト．最新医学別冊「HIV感染症とAIDS」．最新医学社、大阪、二〇一〇年

8．木原雅子：若者のHIV感染予防対策──複合予防としてのWYSHプロジェクト．日本臨床　六八巻三号：五四一─五四五頁、二〇一〇年

9. 木原雅子. 初等教育におけるWYSH教育の可能性について. 初等教育資料 八二三号（二〇〇七年七月号）：七二―七五頁、二〇〇七年
10. 木原雅子、木原正博. 実効あるエイズ予防教育. 教育と医学 八月号：五六―六二頁、二〇〇三年

若者の問題

11. 木原雅子、木原正博. 現代社会にはびこる「見えない精神的暴力」――その背景としての人間的つながりの希薄化. 現代のエスプリ 五一一号：二七―三八頁、二〇一〇年
12. 木原雅子. 現代社会と若者の性行動. 母子保健情報 六〇号：五九―六二頁、二〇〇九年
13. 木原雅子、木原正博. 若者の性行動. 性感染症ＳＴＤ（熊澤淨一、田中正利編）、八七―九八頁、南山堂、二〇〇八年
14. 木原雅子、木原正博. 見えない暴力――精神的いじめの実態と社会. 教育と医学 五月号、四五八―四五九頁、二〇〇七年
15. 木原雅子、木原正博. 青少年の性行動の現状とこれからの性感染症予防教育のあり方について――科学的予防（Science-Based Prevention）の導入. 学校保健研究 四六巻二号：一四九―一五四頁、二〇〇四年
16. 木原雅子. 子ども最前線「日本の青少年の性行動とエイズ予防――性感染症の有効な予防対策の可能性」. 子ども白書 七七―八〇頁、草土文化社、東京、二〇〇三年
17. 木原雅子、木原正博. 日本の若者の性意識・性行動の現状. 健康教室 二五四巻三号：六六―七一頁、二〇〇三年
18. 厚生省 ＨＩＶ感染症の疫学研究班「日本人のＨＩＶ／ＳＴＤ関連知識・性行動・性意識についての全国

調査」（全国住民性行動調査）一九九九年
19. 厚生省ＨＩＶ感染症の疫学研究班「大学生のＨＩＶ／ＳＴＤ関連知識・性行動・性意識に関する研究」（全国大学生性行動調査）一九九九年

予防方法に関するもの

20. 木原雅子．ソーシャルマーケティングの研究への導入．ヘルスリサーチの方法論（井上洋士編集）、放送大学出版、二〇一三年
21. 木原雅子、木原正博．ソシオ・エピデミオロジー（社会疫学）――その方法論的特徴と実践例について．日本公衆衛生雑誌　五八巻一号：五八―六一頁、二〇一一年
22. 木原雅子、加藤秀子、木原正博．単純予防から複合予防へ――進化するエイズ／ＨＩＶ教育の現在．健三八巻九号：二一一―二一七頁、二〇〇九年

教科書

23. 木原雅子、加治正行、木原正博．健康行動学――その理論、研究、実践の最新動向．メディカル・サイエンス・インターナショナル、東京、二〇一八年
24. Rice PL著　現代の医学的研究方法――質的・量的方法、ミクストメソッド、ＥＢＰ．（木原雅子、木原正博訳）、メディカル・サイエンス・インターナショナル、東京、二〇一二年
25. Rice PL and Ezzy D著　ヘルスリサーチのための質的研究方法．（木原雅子、木原正博監訳）、三煌社、東京、二〇〇六年

授業づくり・ファシリテーションのためのキーワード索引

《著者紹介》

木原雅子（Masako Ono-Kihara）

京都大学学際融合教育研究推進センター教授

1954年、長崎県諫早市に生まれる。医学博士。

教育・指導方法の開発を専門とする教育実論家、社会疫学者。エイズ予防財団リサーチレジデント、カリフォルニア大学サンフランシスコ校リサーチコンサルタント、ニューサウスウェールズ大学客員研究員、長崎大学医学部助手、広島大学医学部講師，京都大学大学院医学研究科社会疫学分野准教授（2019年3月まで）を経て、現在に至る。

現在、京都大学大学院で教鞭をとるかたわら、（一般財団法人）日本こども財団理事長、青少年教育社会問題研究所所長、NHK 教育いじめ関連番組専門家委員、文部科学省生徒指導指導者研修会講師、文部科学省健康教育指導者研修会講師も歴任。京都大学大学院医学研究科社会健康医学系専攻ベストティーチャー賞受賞２回。NHK のテレビ番組「NHK スペシャル」、「視点・論点」、「ETV 特集」等、テレビ・ラジオ出演および新聞・雑誌等掲載記事多数。

青少年に対する膨大な調査結果（これまでの対象者数35万人以上）を基に、子どもの現状に応じた効果的な教育の開発を行う。調査結果より、現在の子どもの抱える様々な問題（学習意欲低下、いじめ、自傷行為、スマホ依存、コミュニケーション力低下等）の背後に共通して見られる現象として人間関係の希薄さが浮上。世の中の便利さと引き換えに、現代社会から失われつつある「人間関係の回復」を教育の根底にすえて、各種教育／指導（WYSH 教育）の開発普及を全国展開中。

■活動の詳細は下記ホームページへ

一般財団法人日本こども財団ホームページ　http://www.kodomo-zaidan.com/

あの子どもたちが変わった驚きの授業

――授業崩壊を立て直すファシリテーション――

2019年４月20日　初版第１刷発行　〈検印省略〉

定価はカバーに
表示しています

著　者　木　原　雅　子

発行者　杉　田　啓　三

印刷者　中　村　勝　弘

発行所　株式会社　ミネルヴァ書房

607-8494　京都市山科区日ノ岡堤谷町１

電話（075）581-5191（代表）

振替口座　01020-0-8076番

中村印刷・新生製本

ISBN978-4-623-08581-1

Printed in Japan